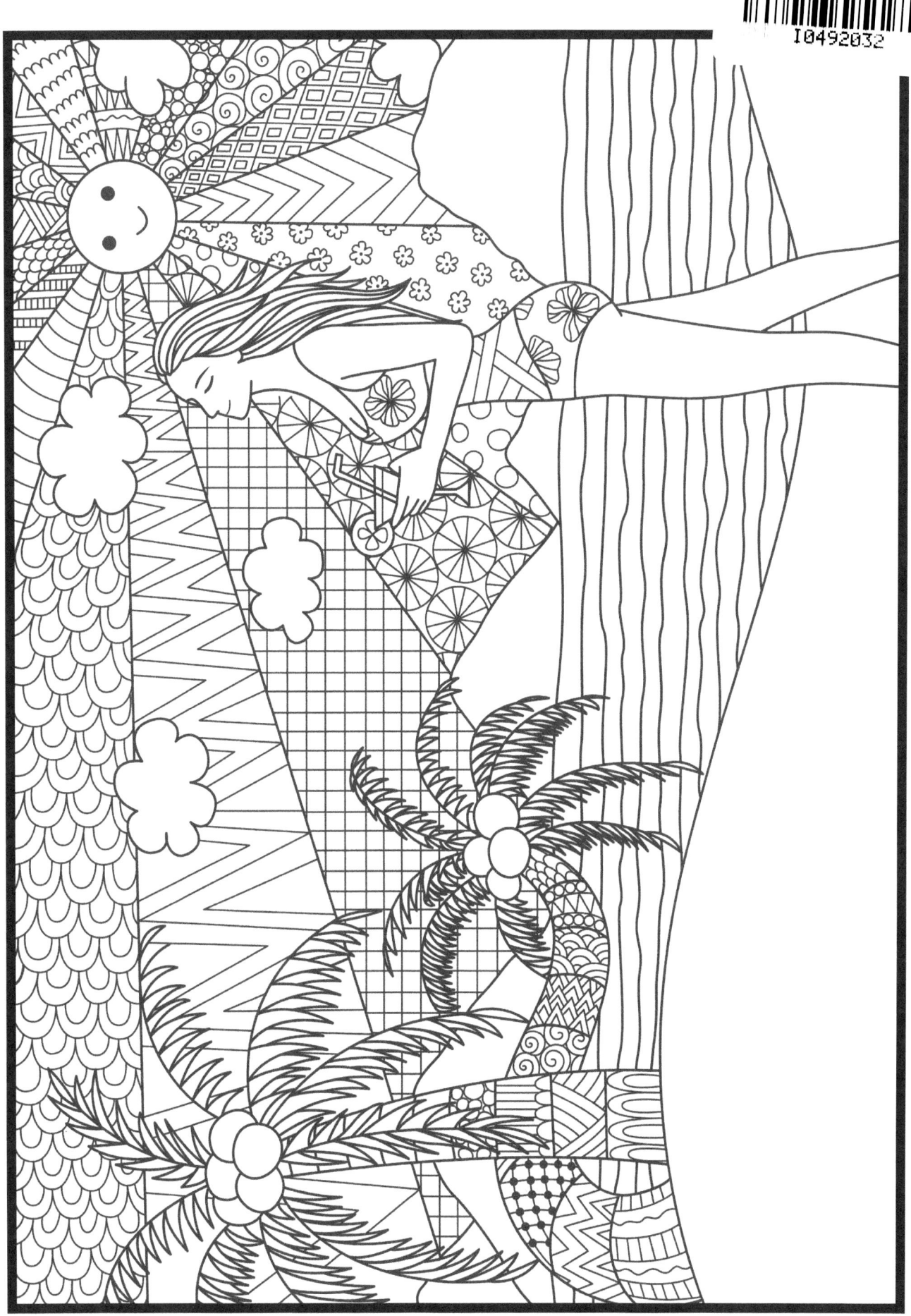

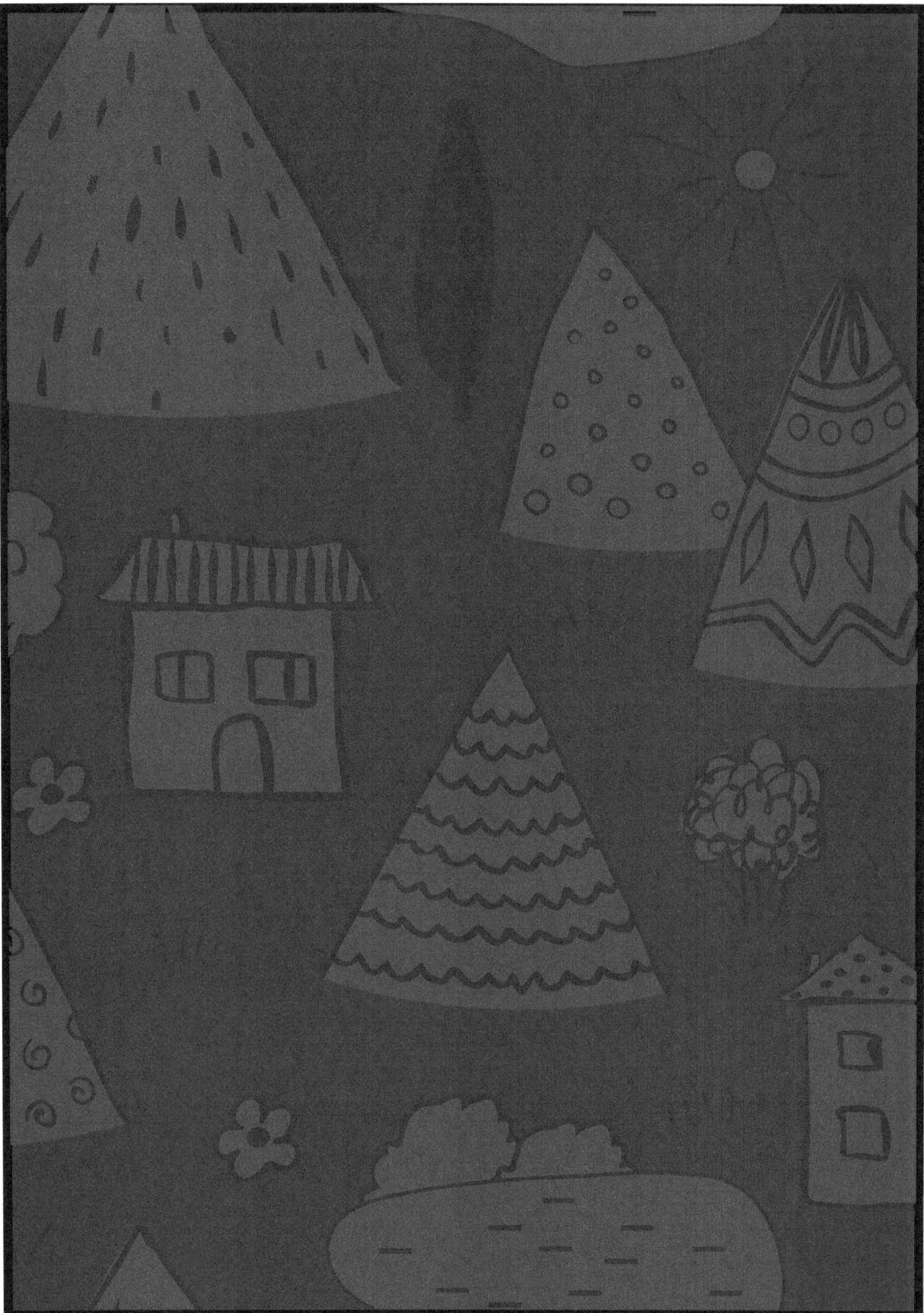

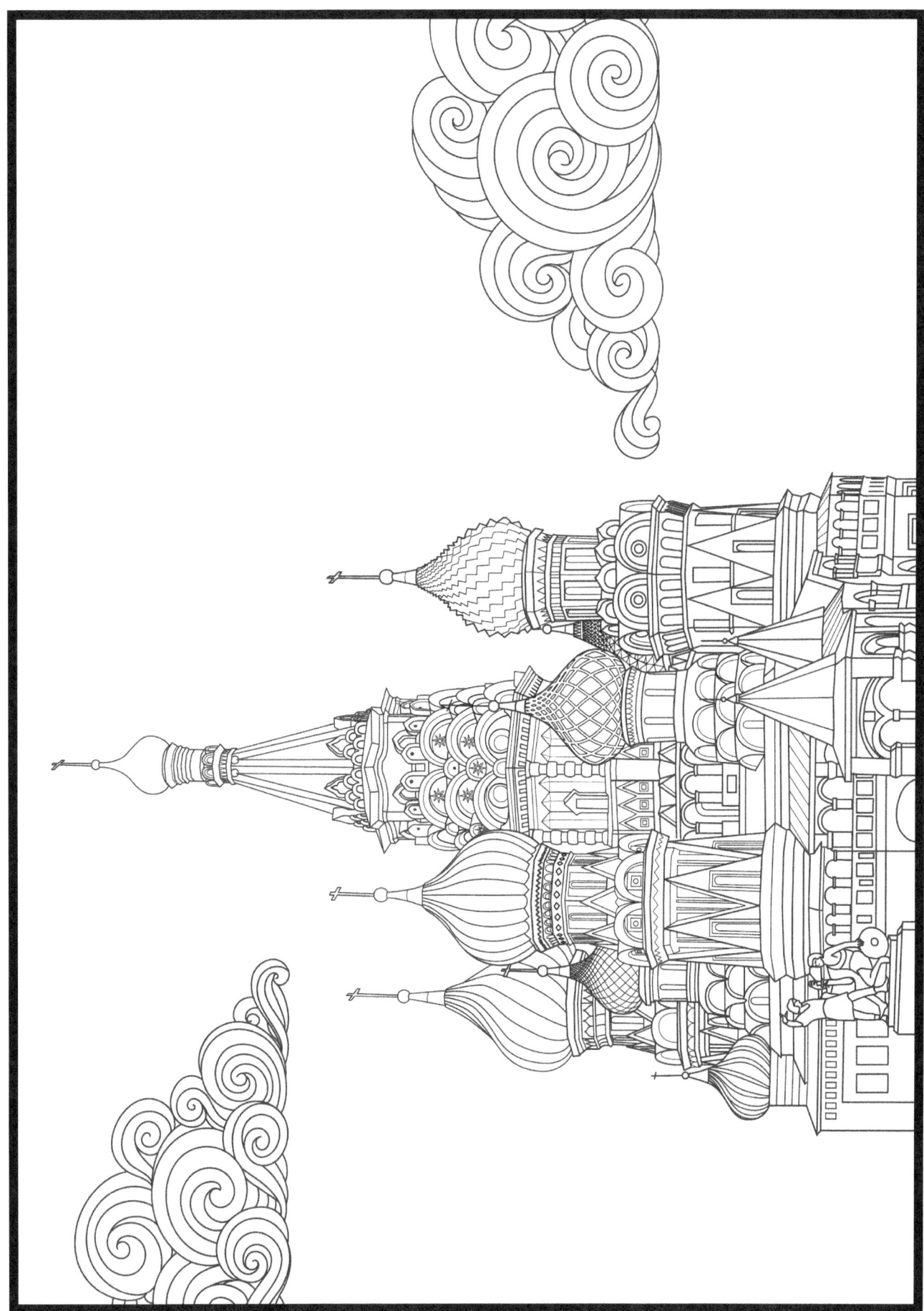

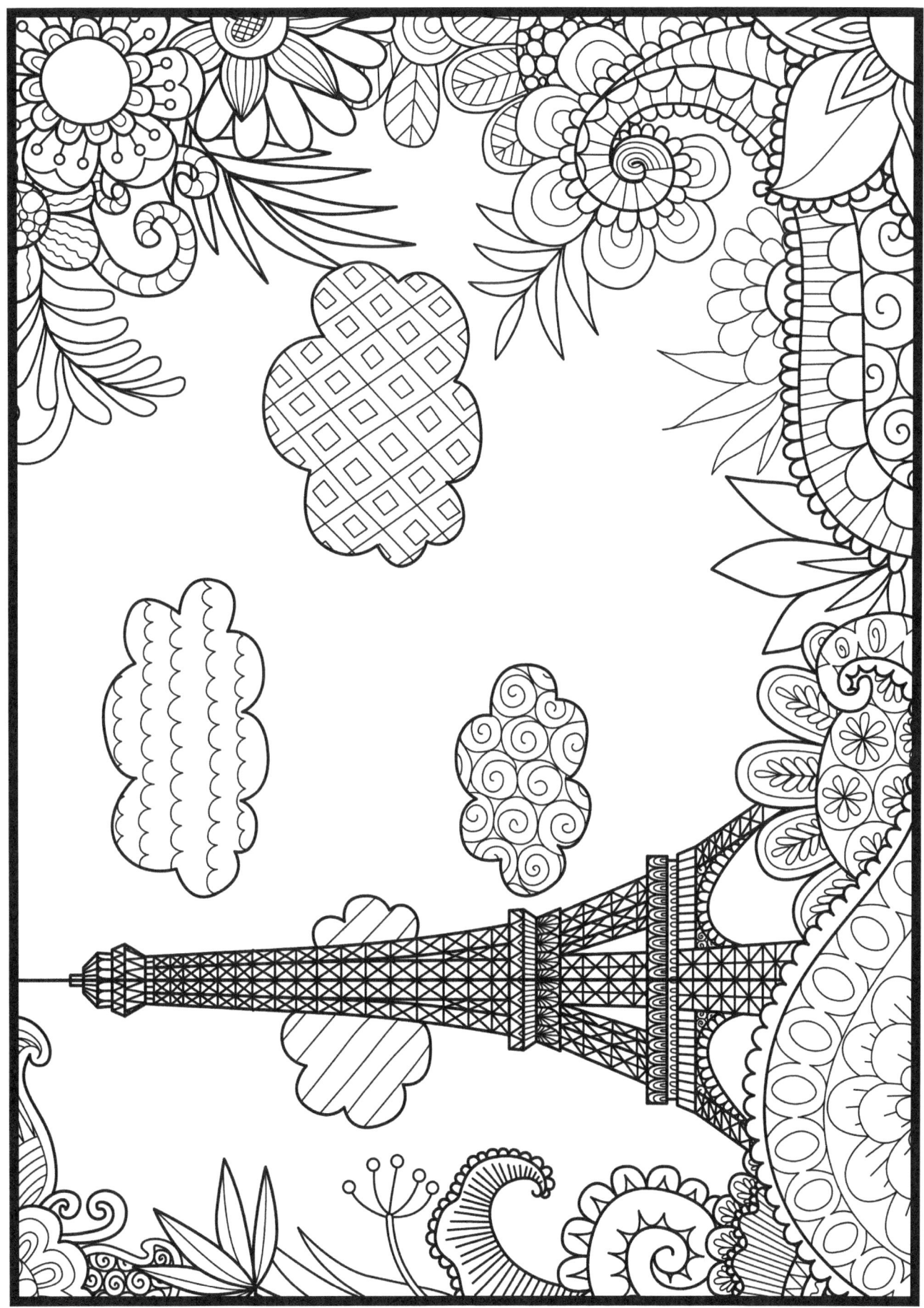

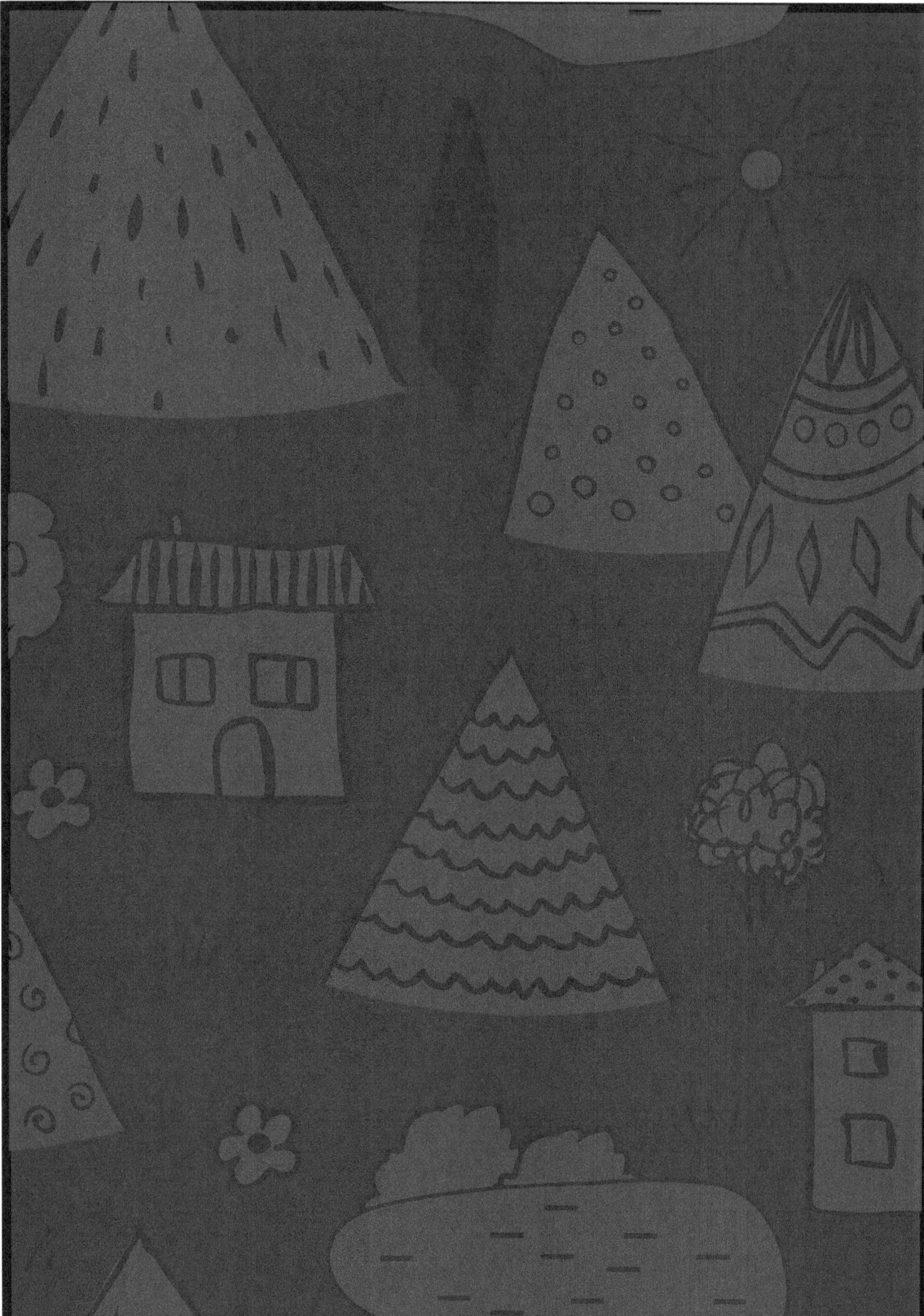

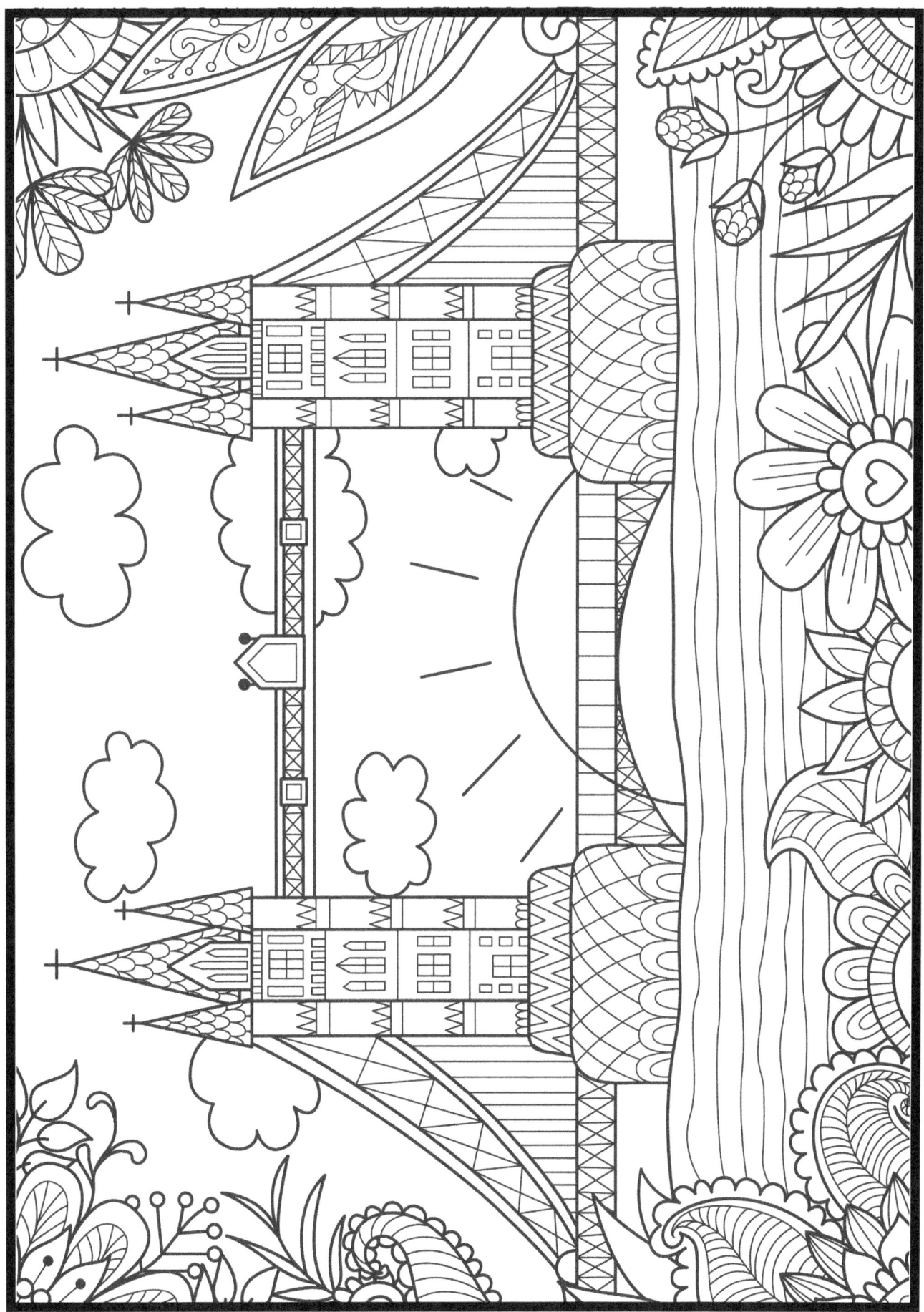

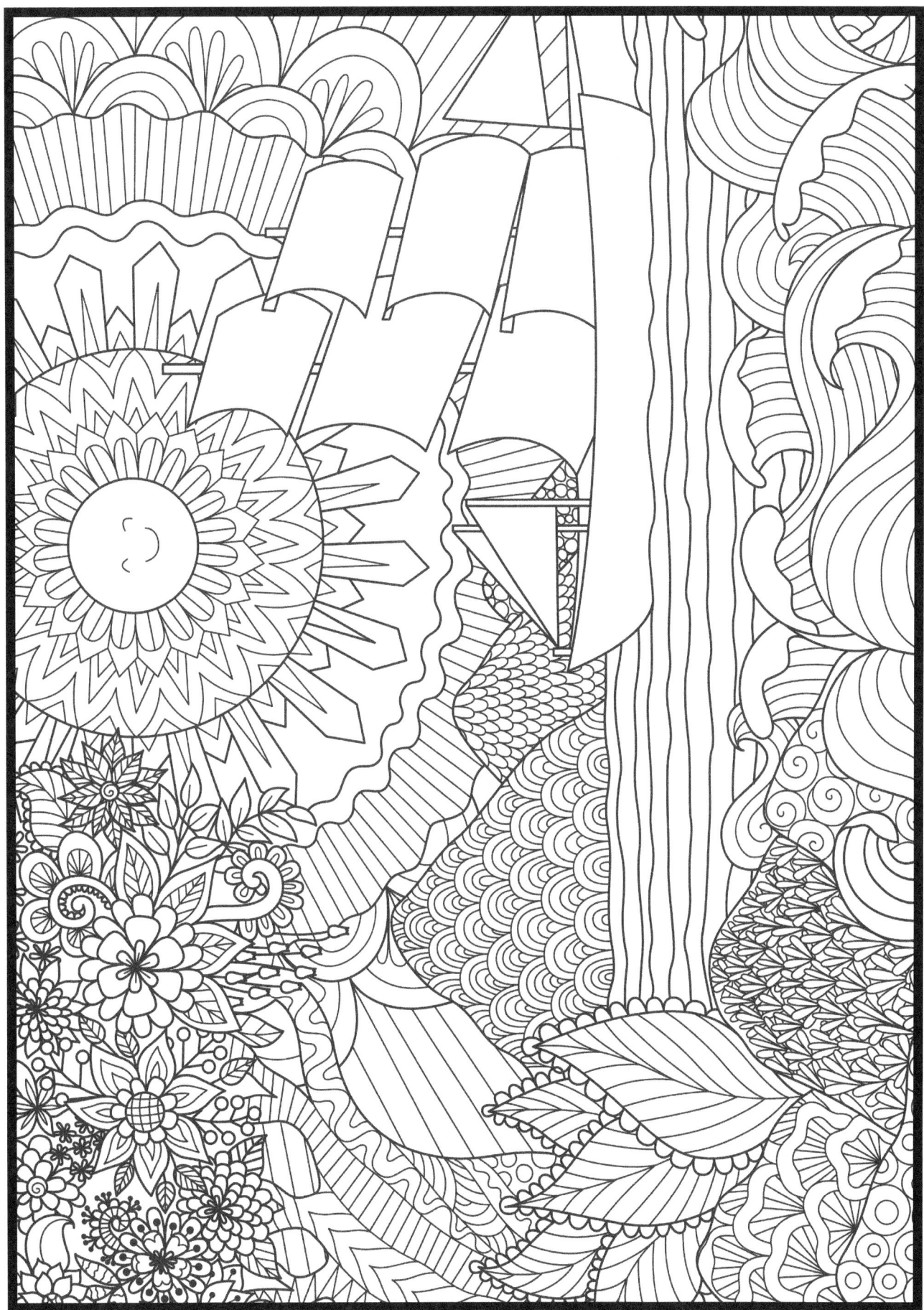

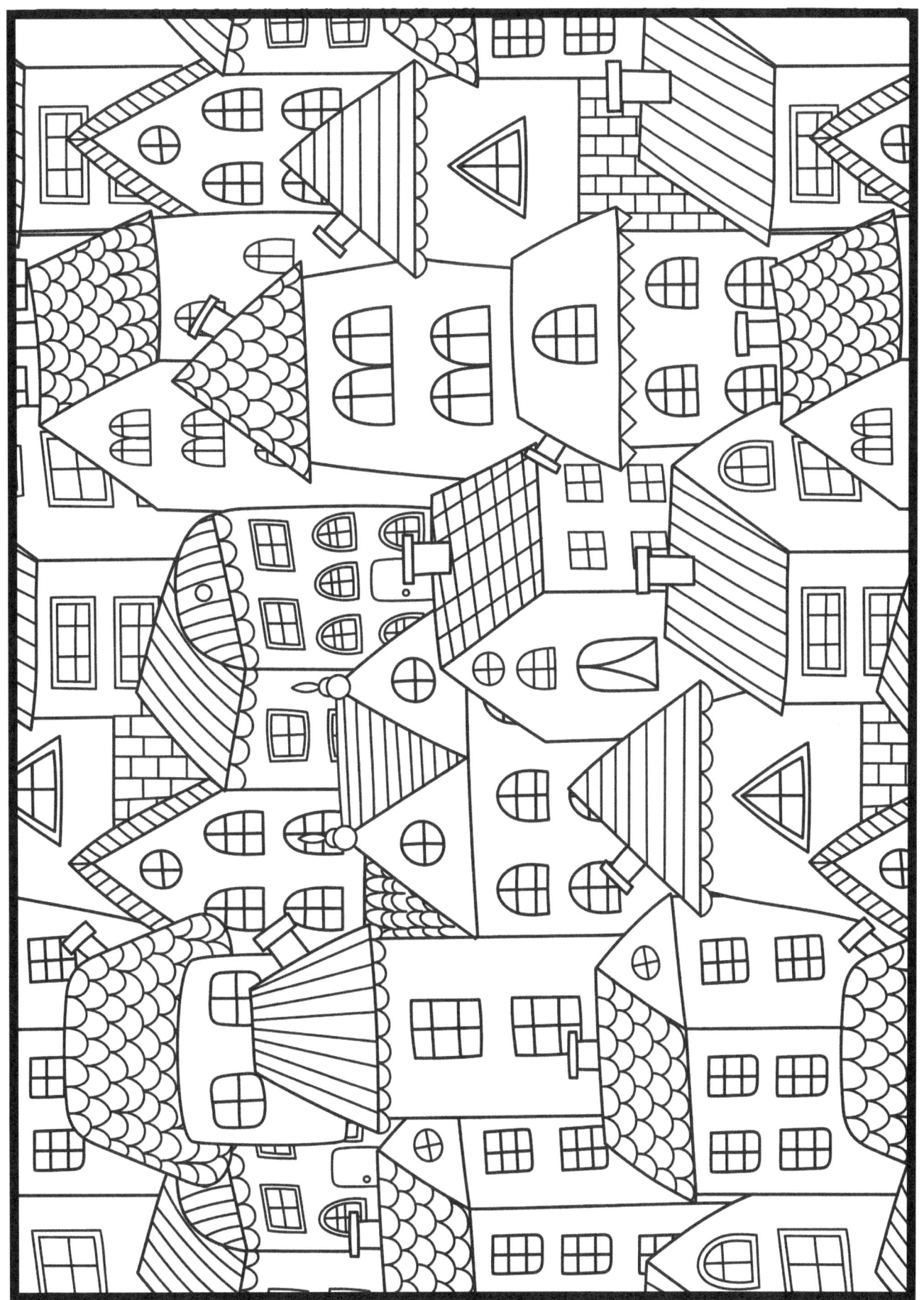

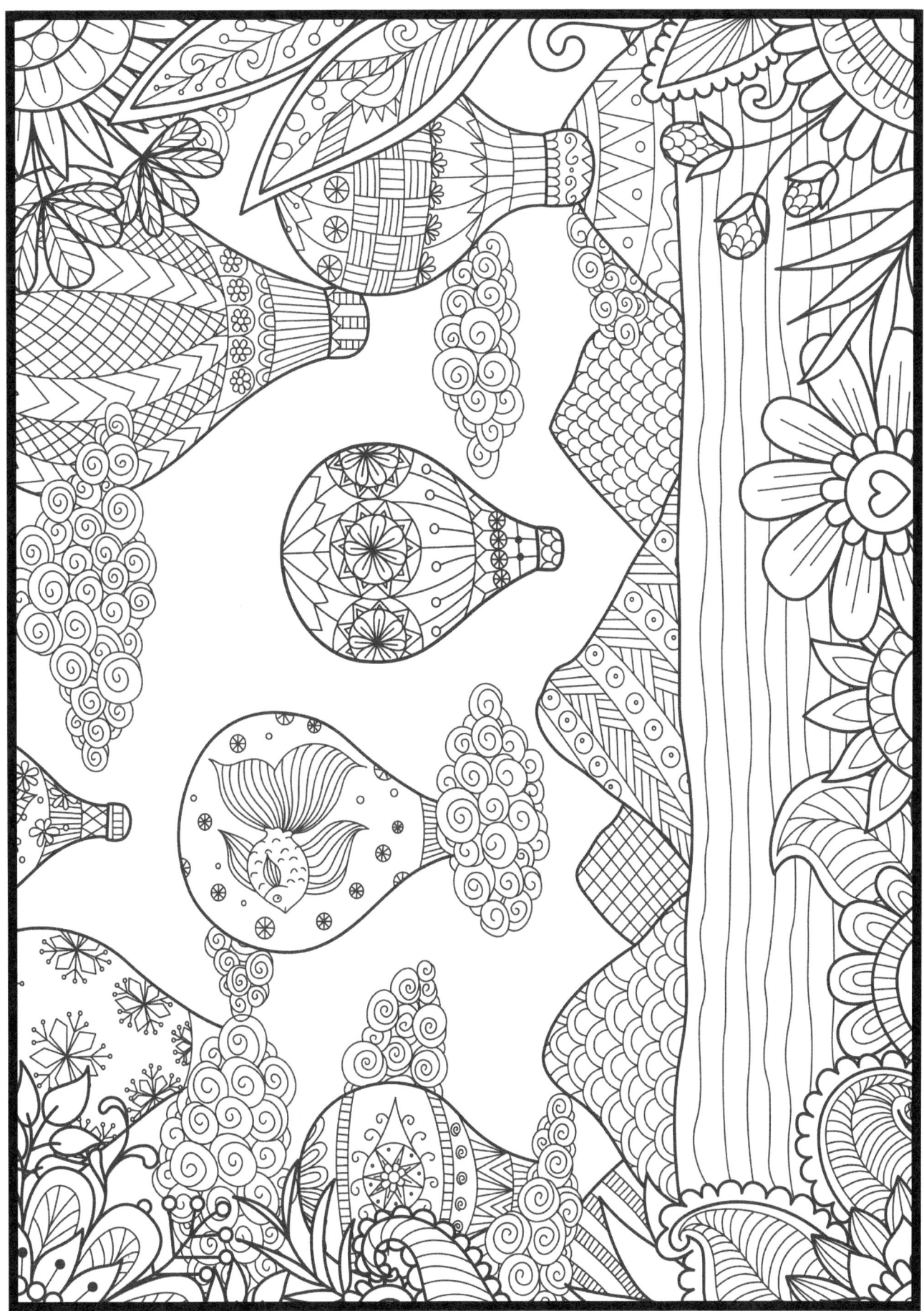

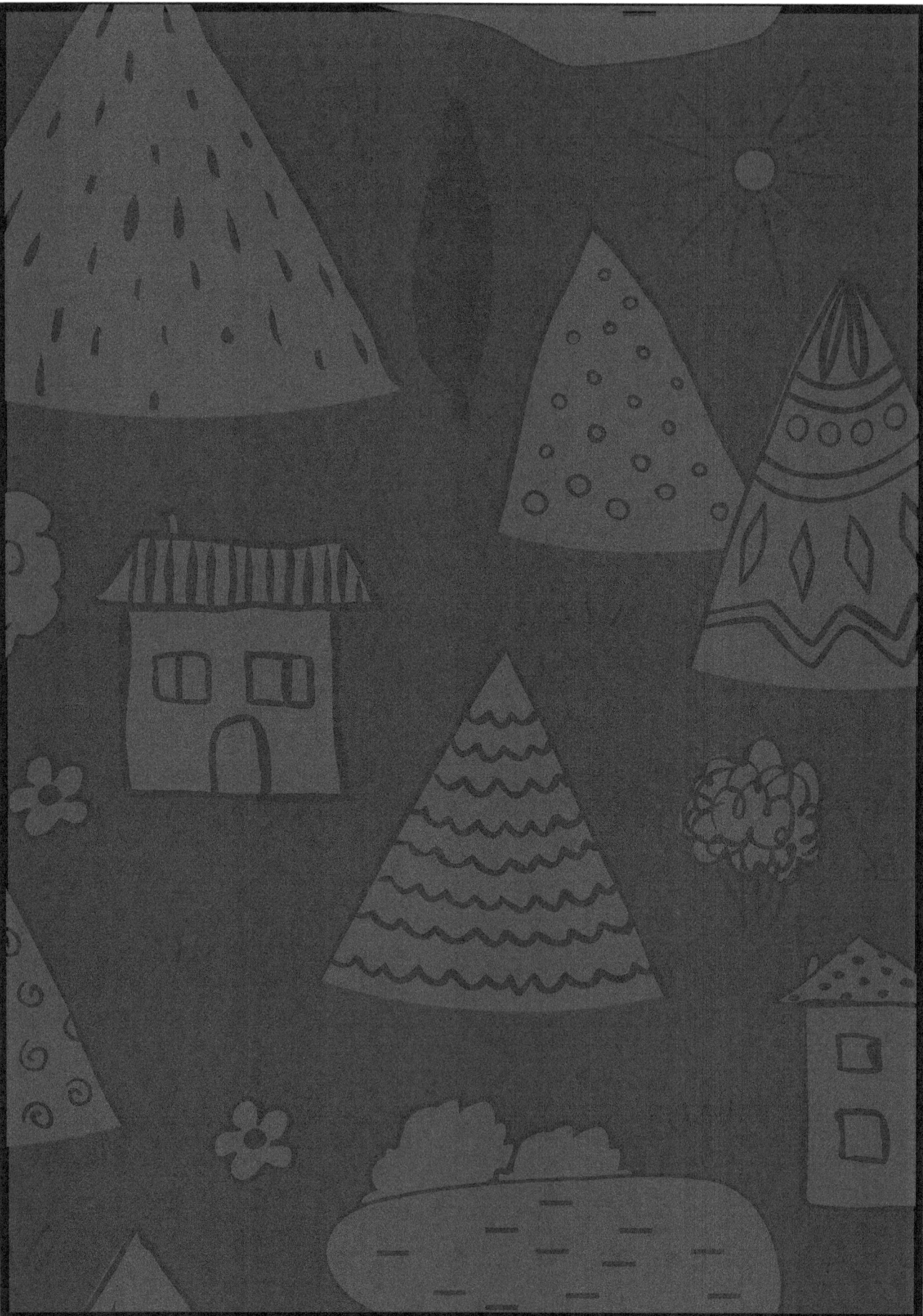

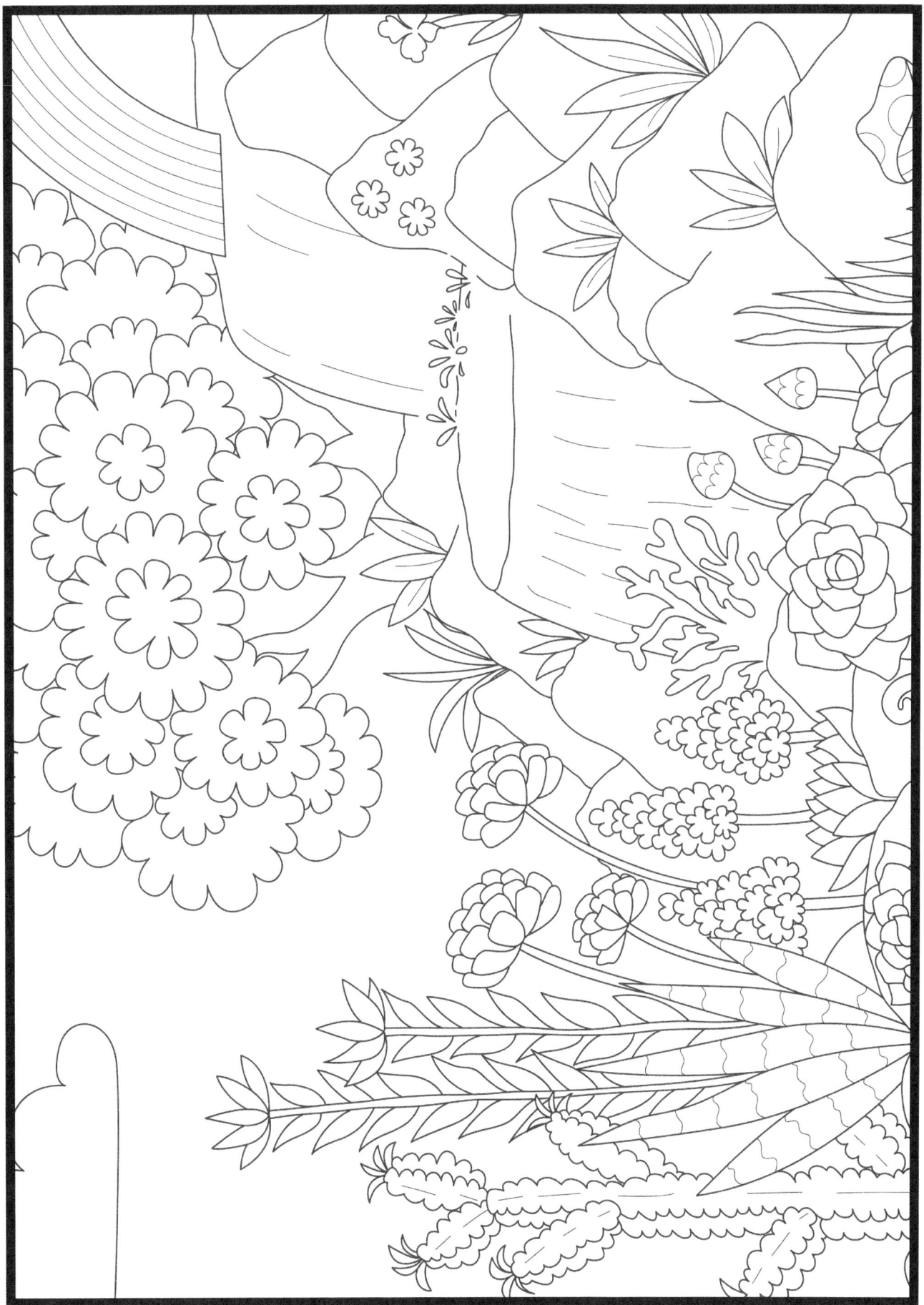

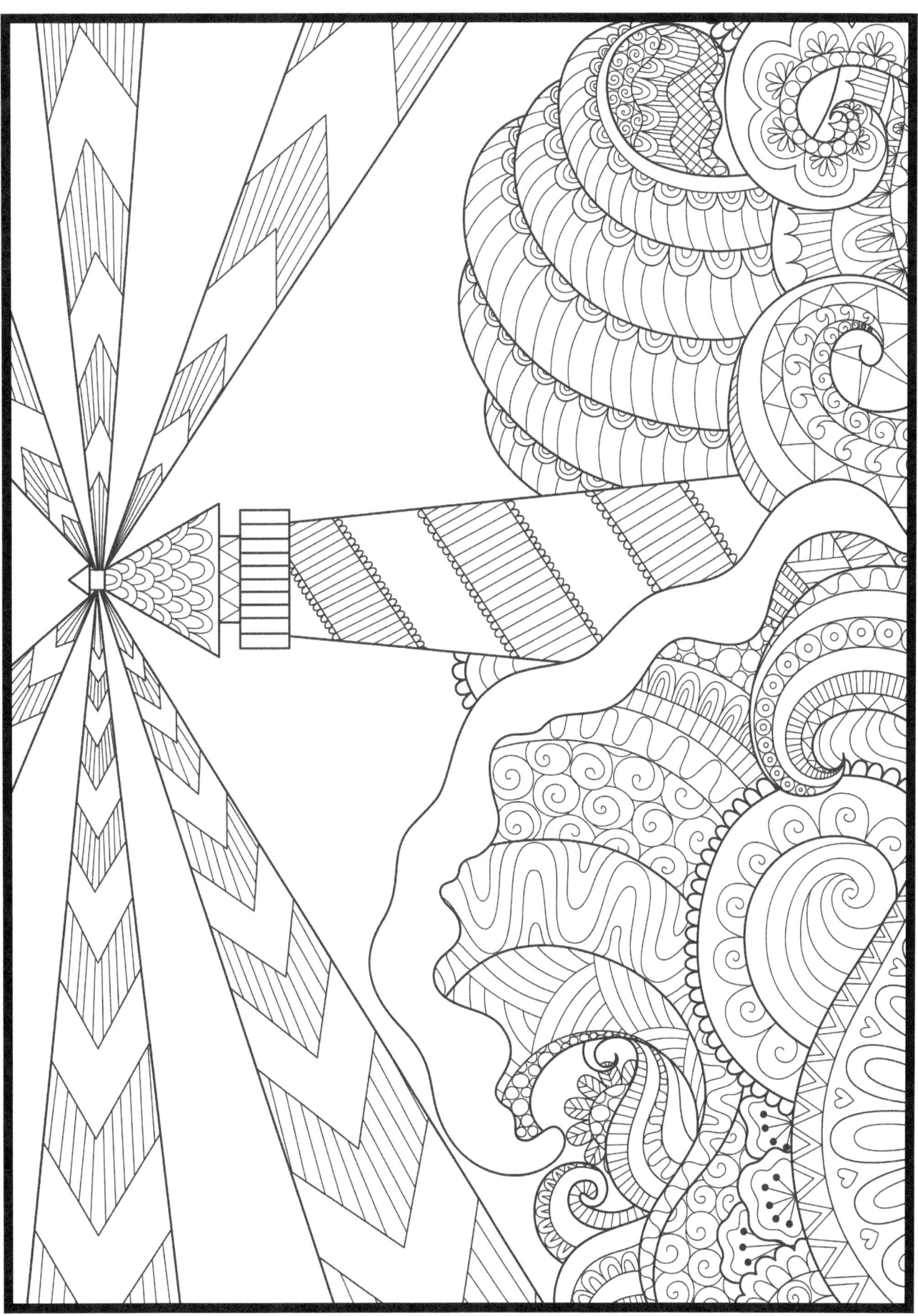

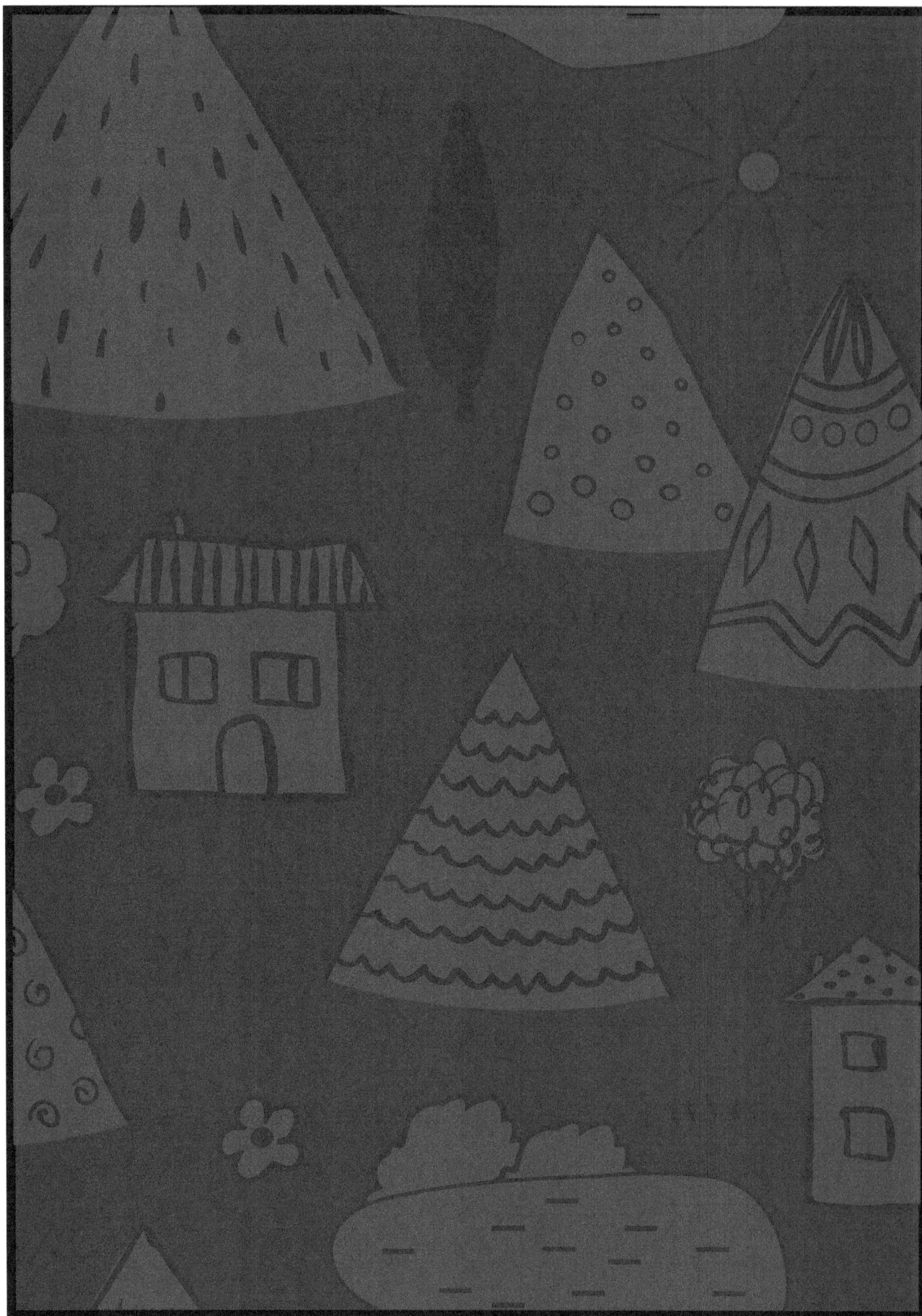

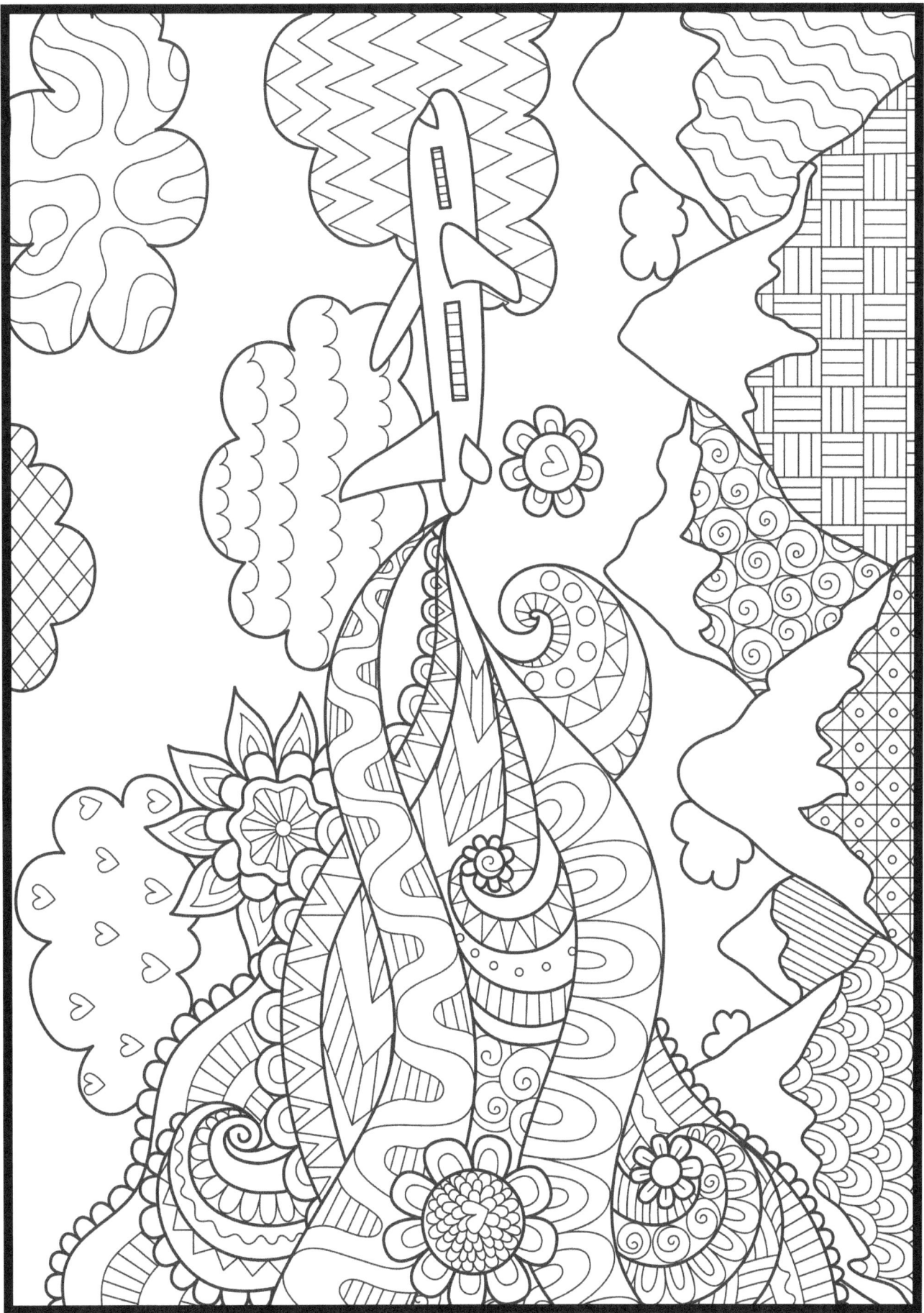

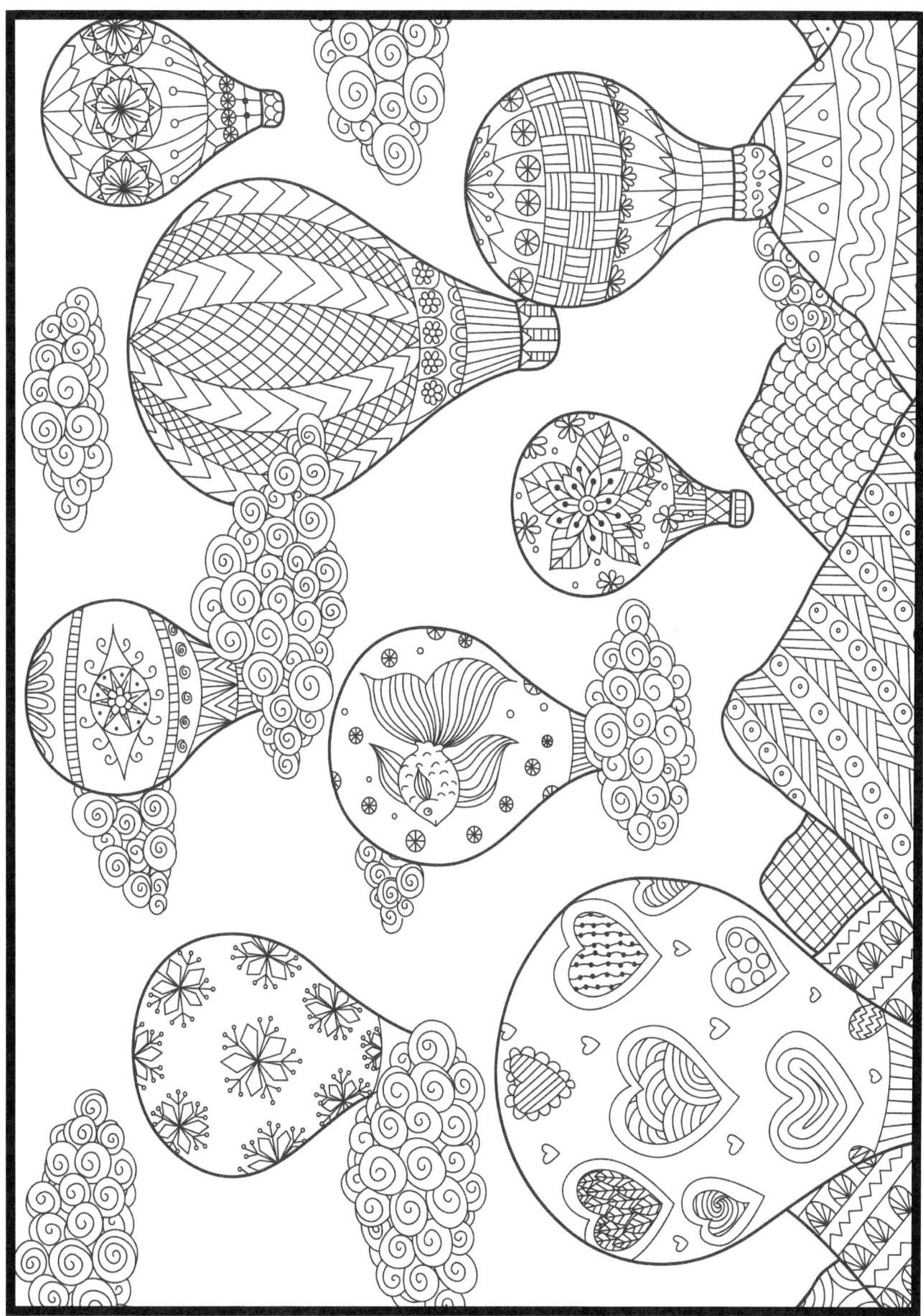

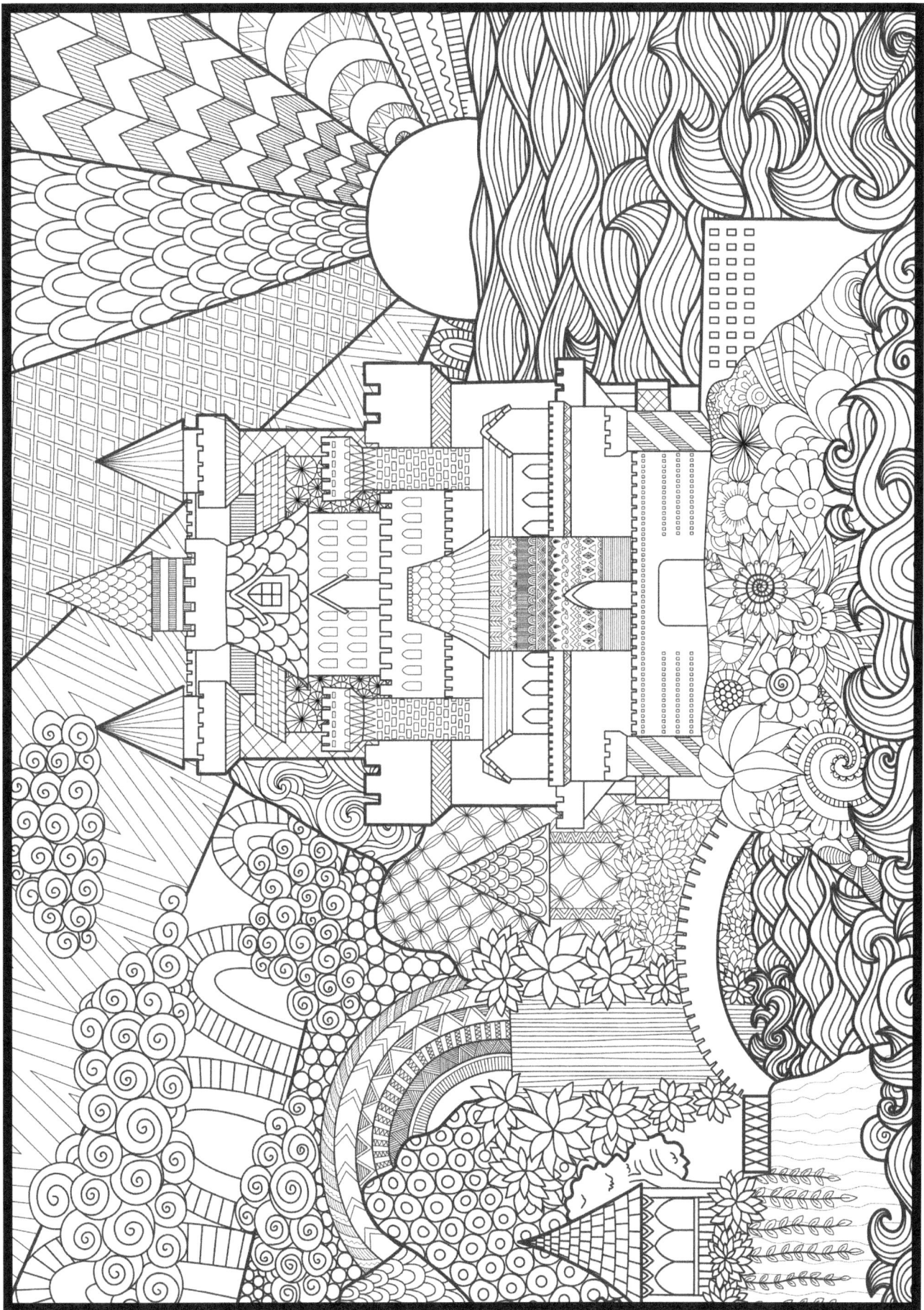

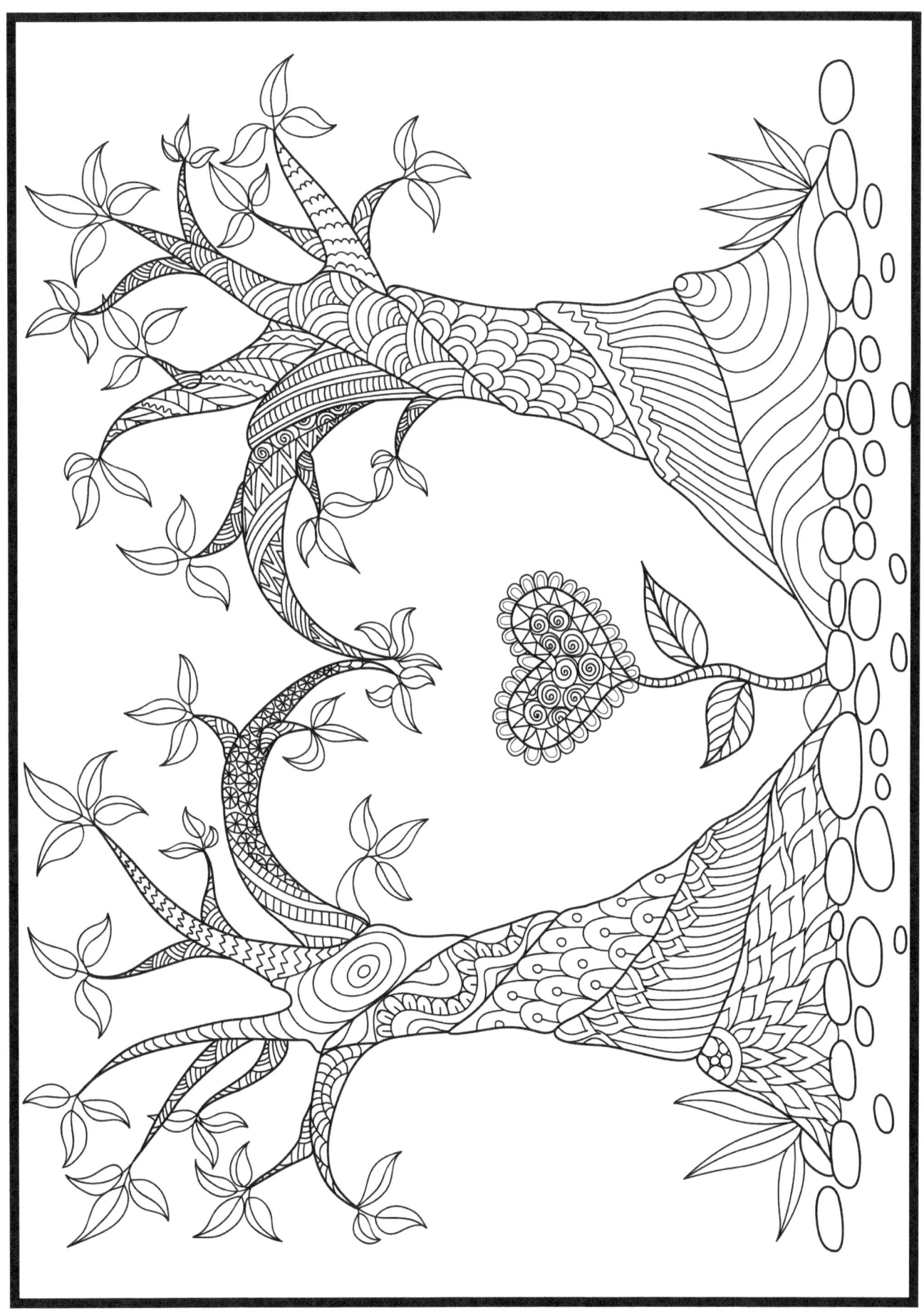

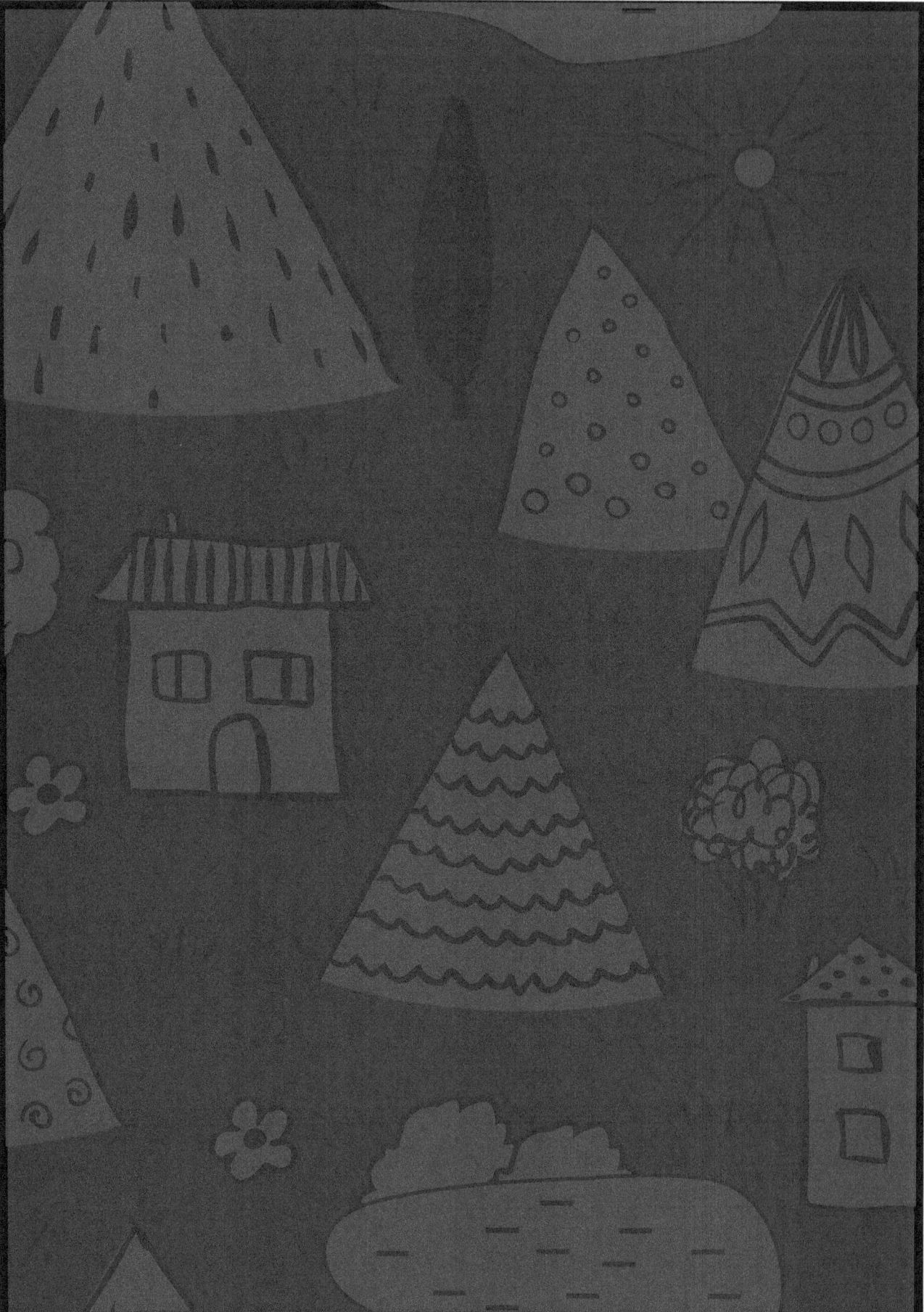

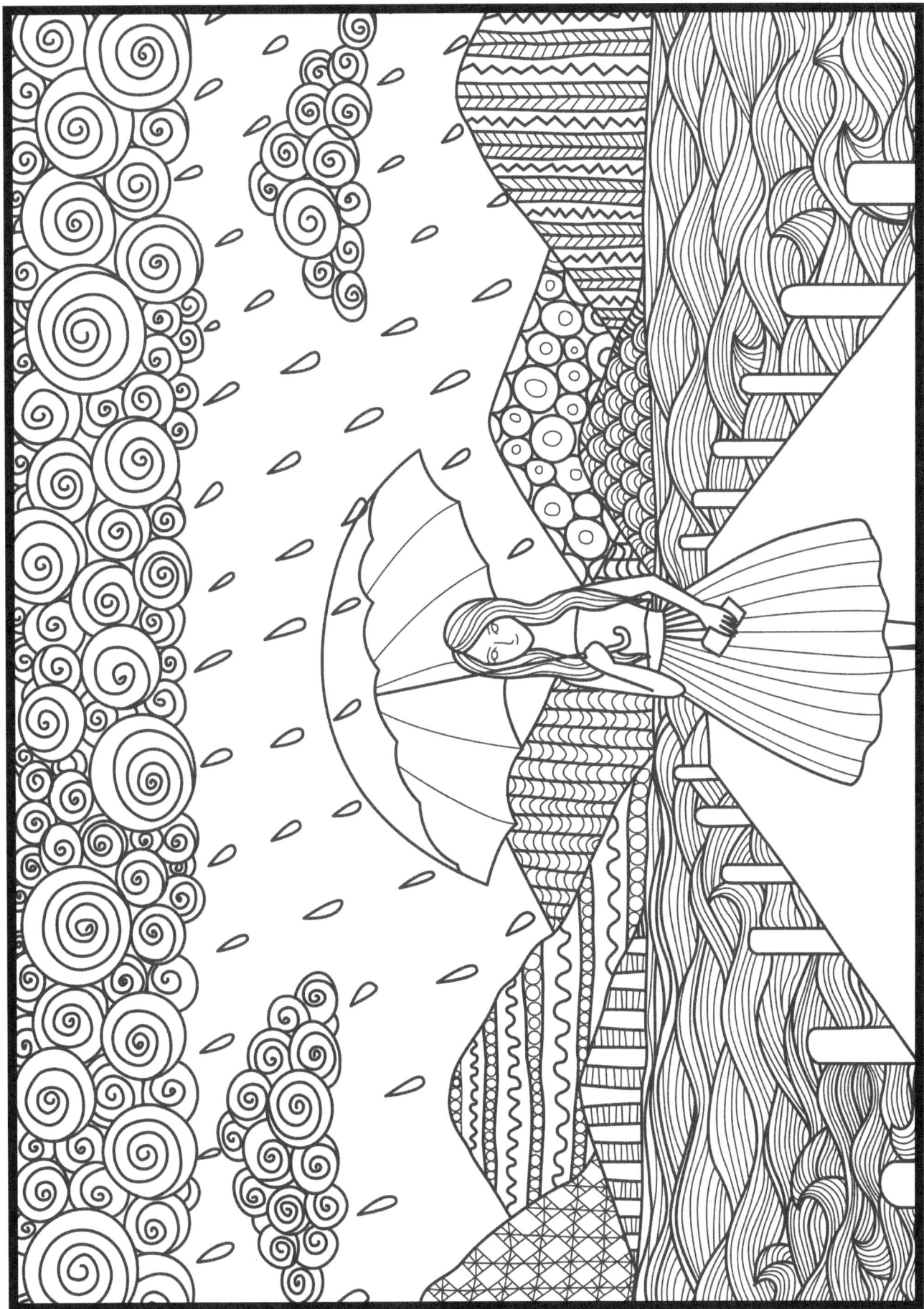

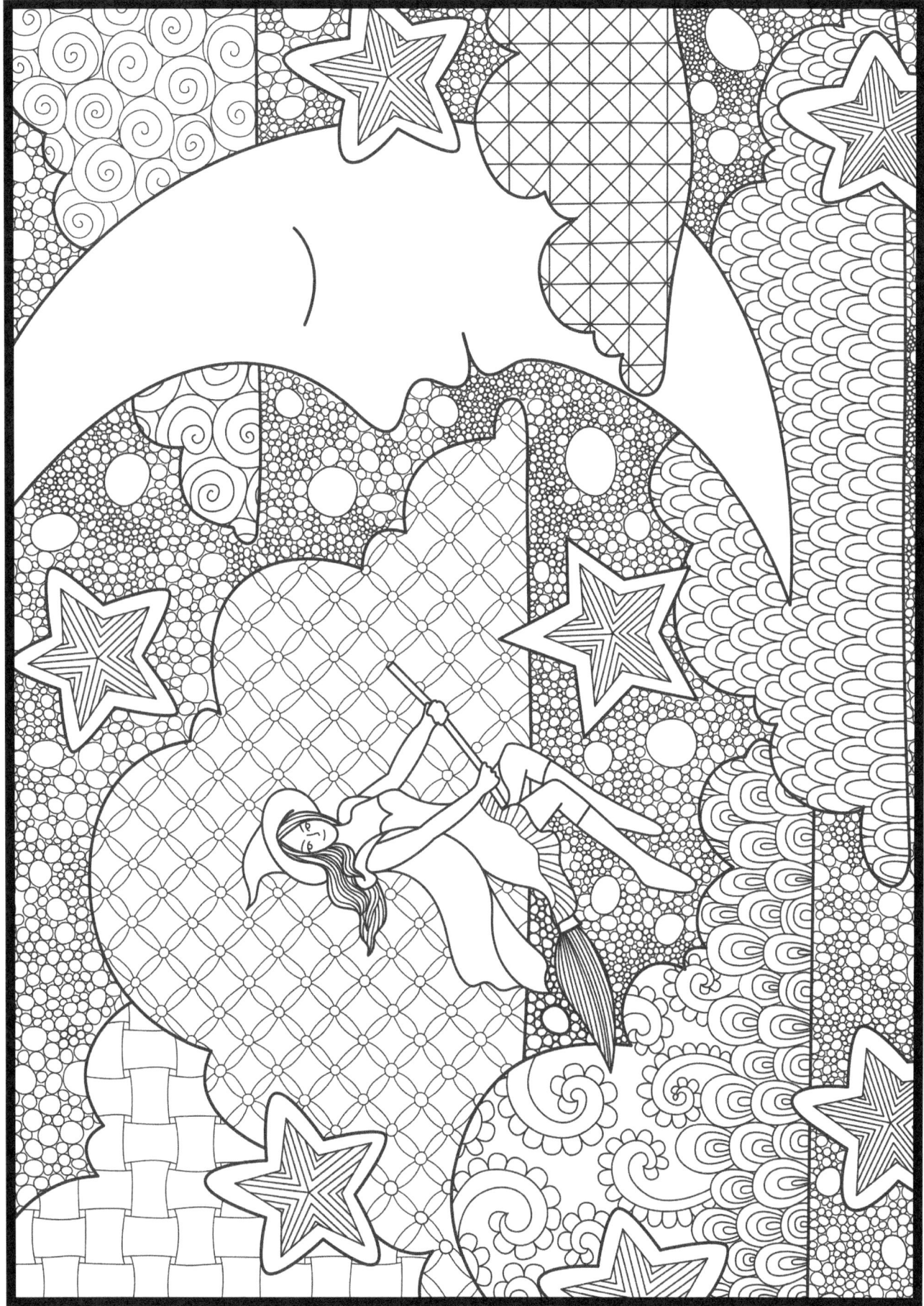

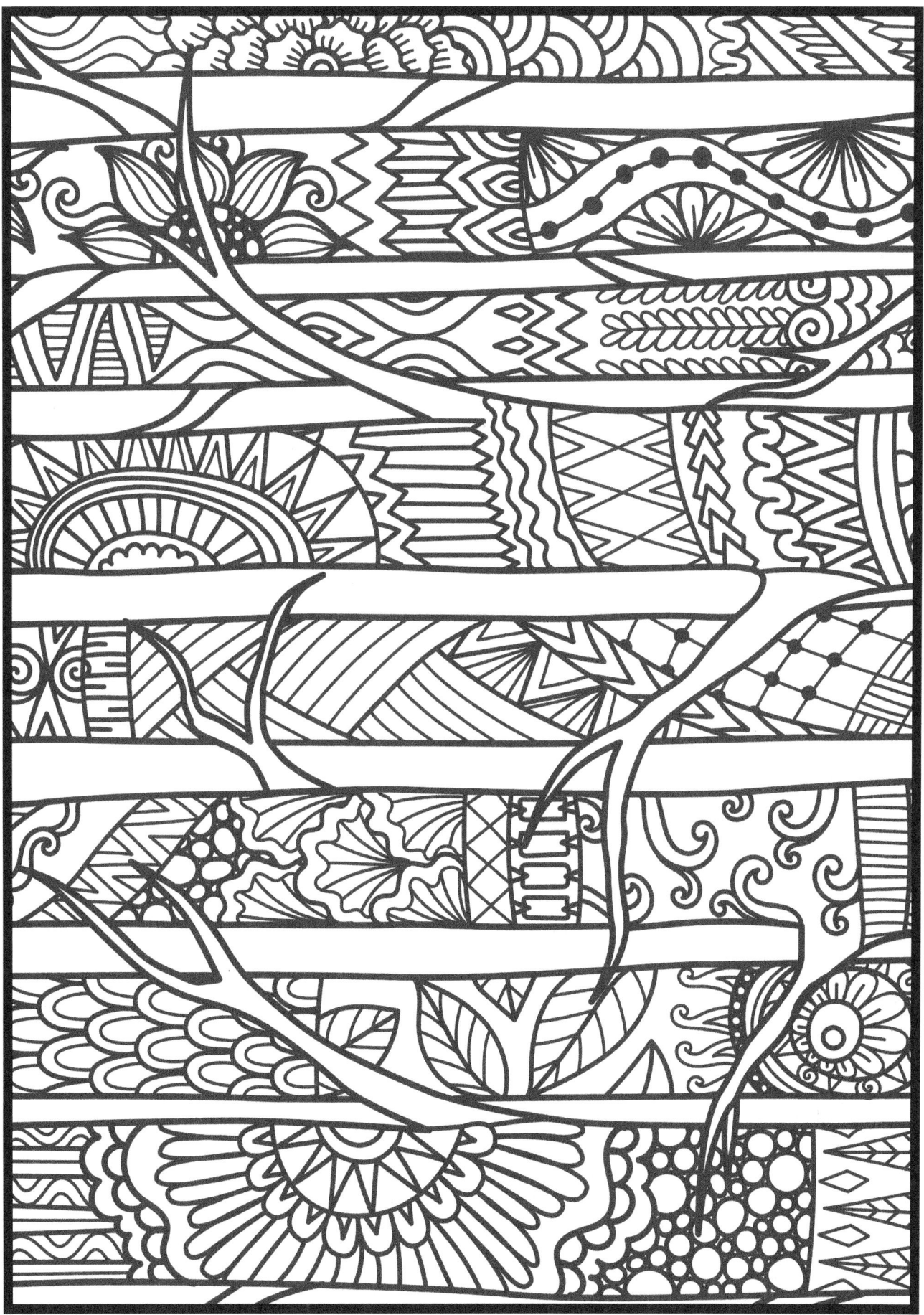

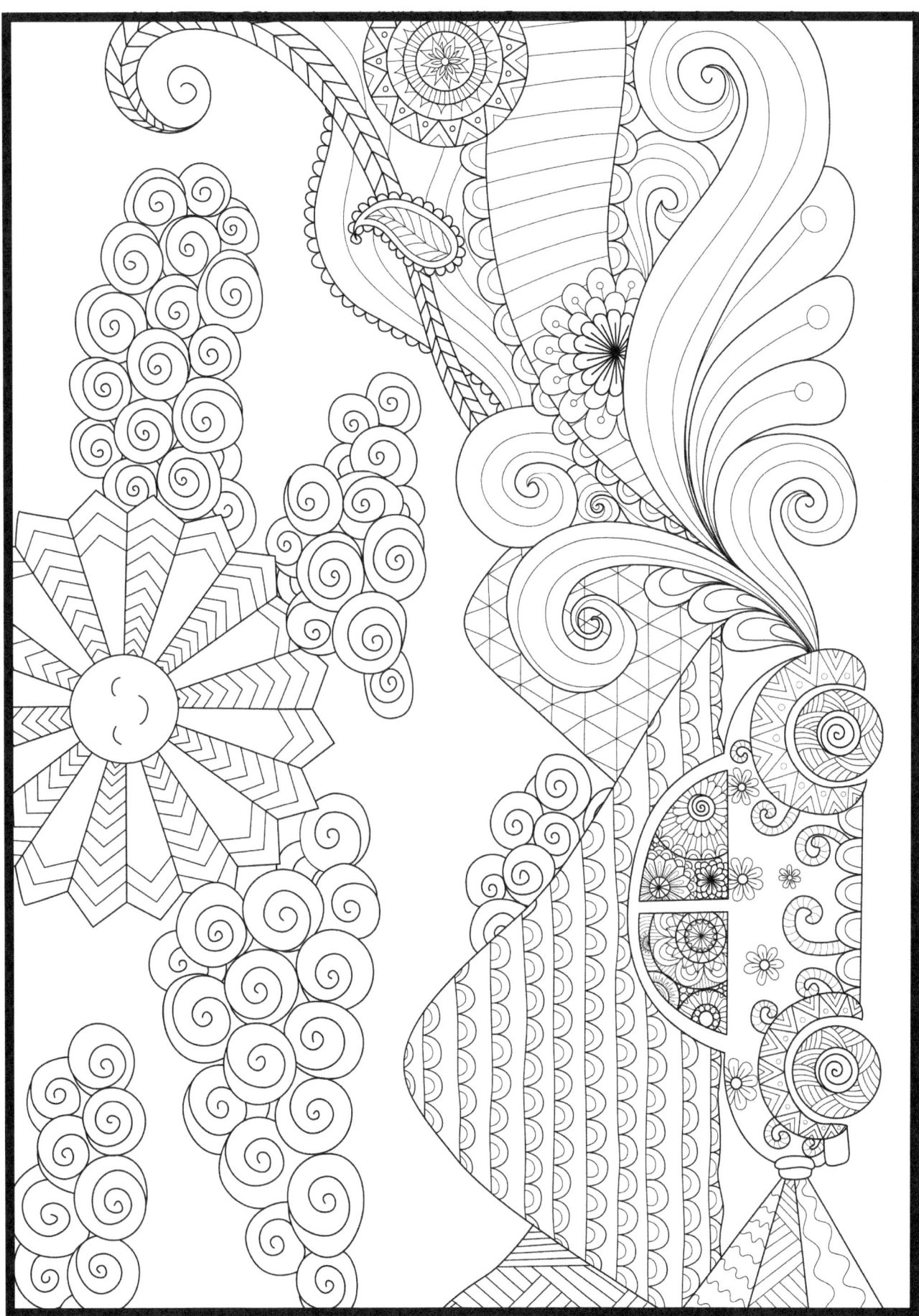

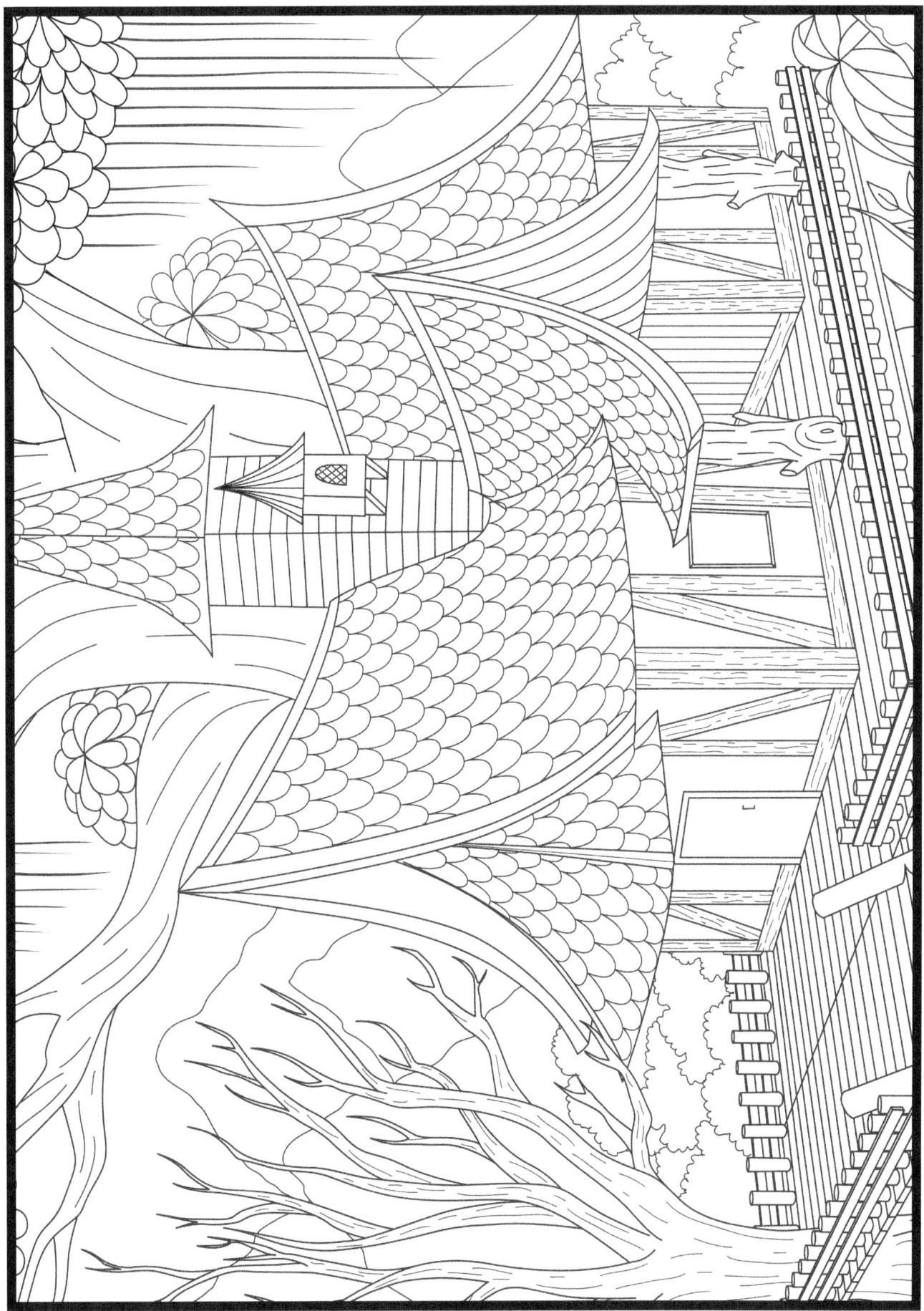

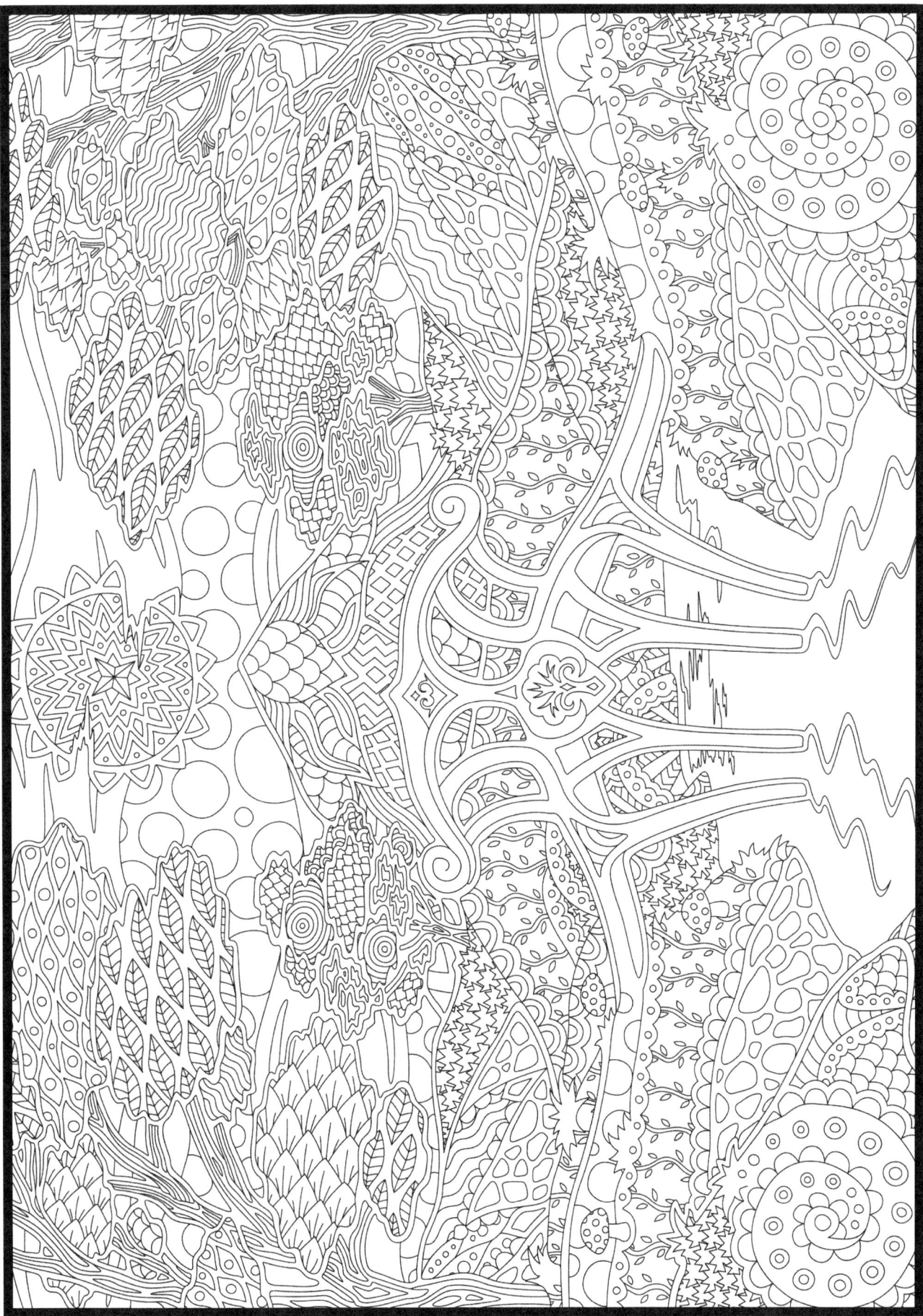

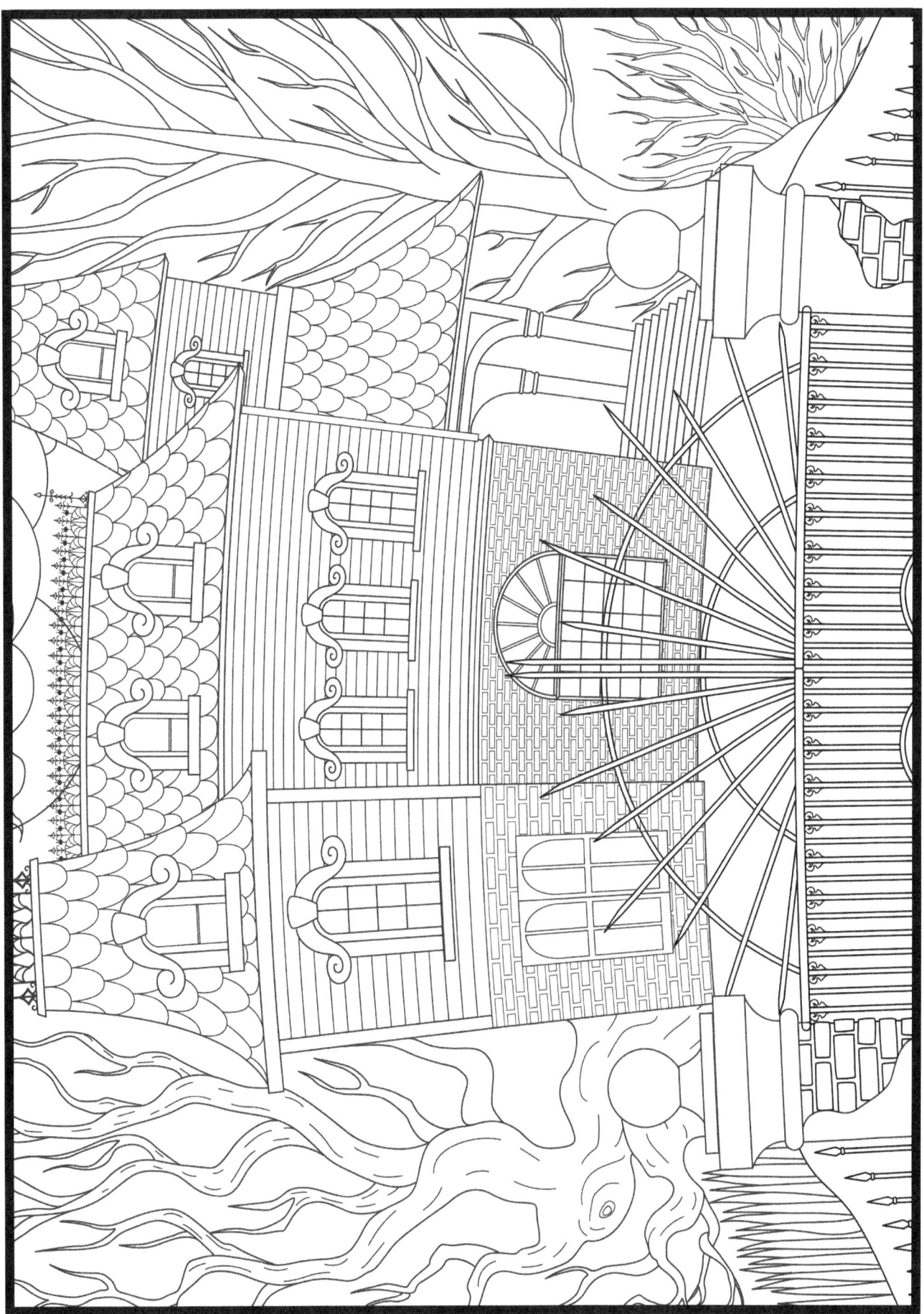

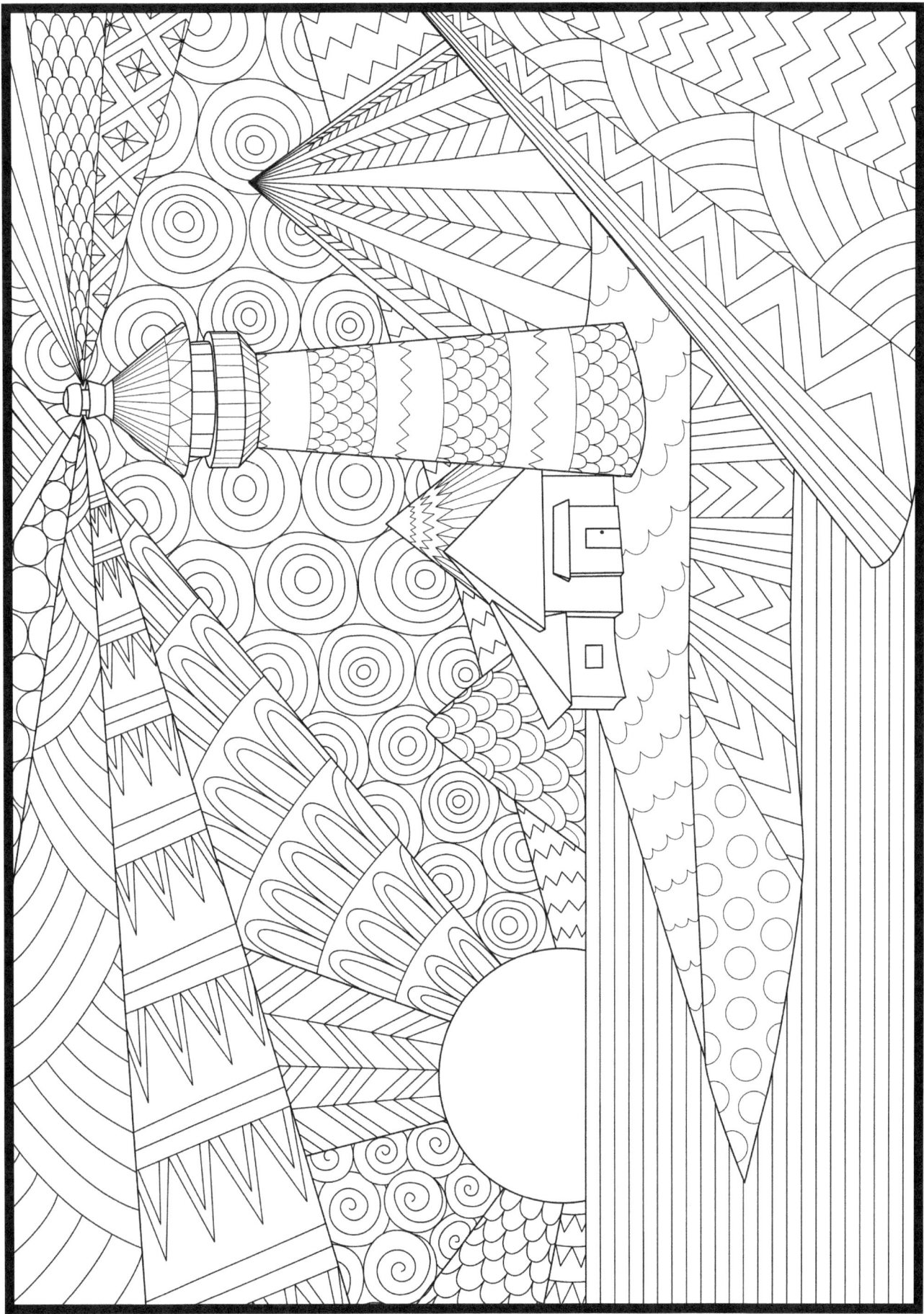

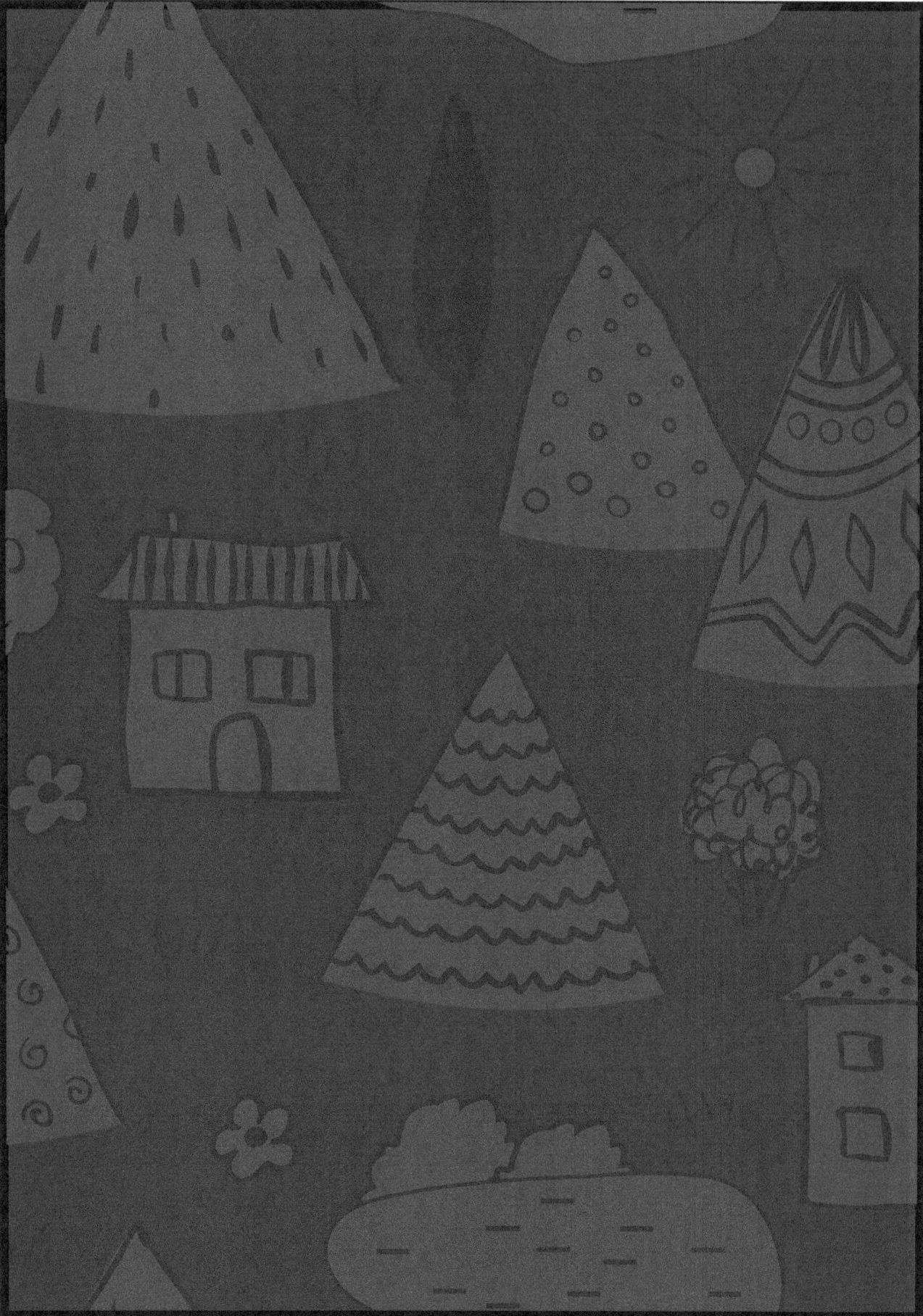

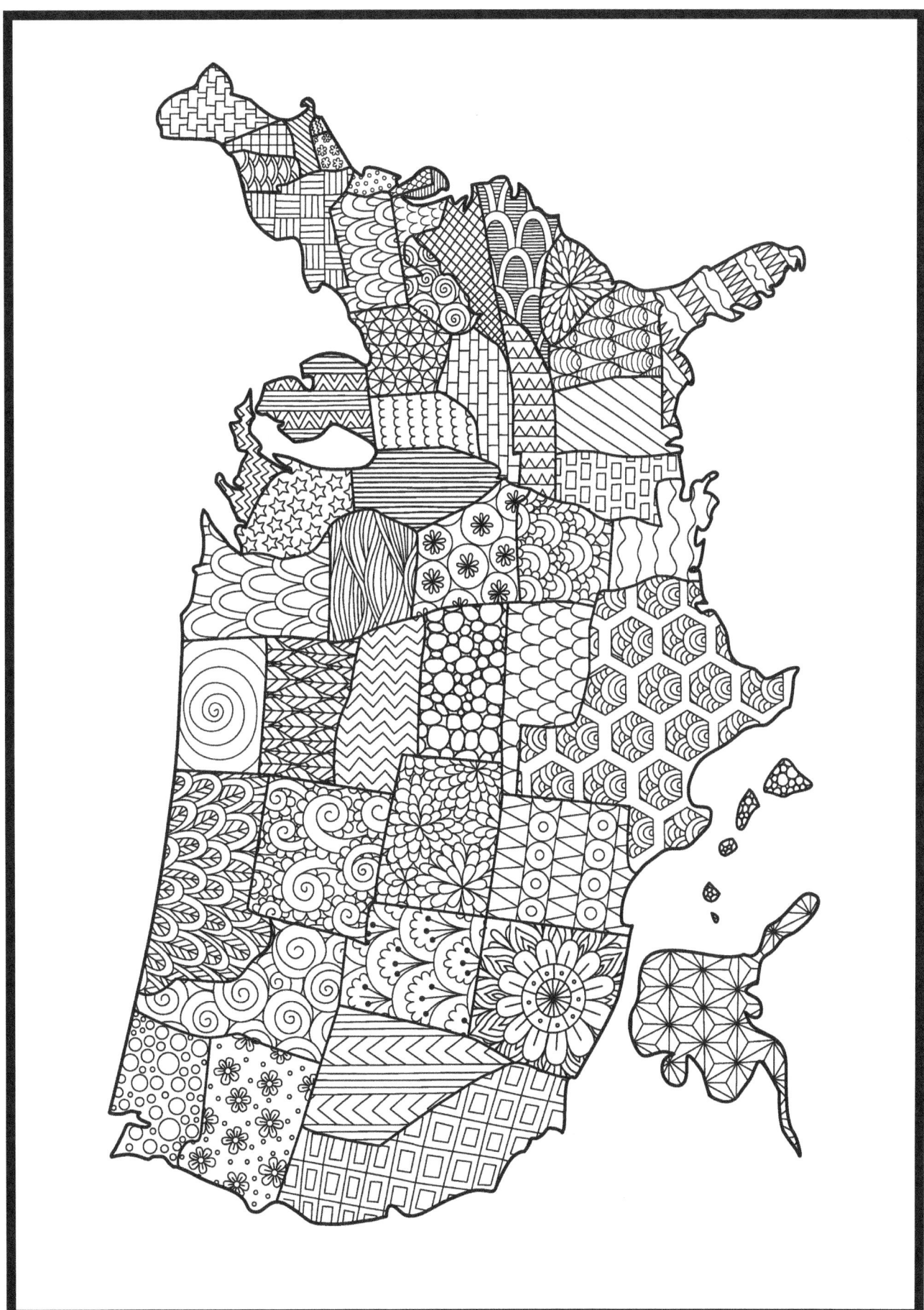

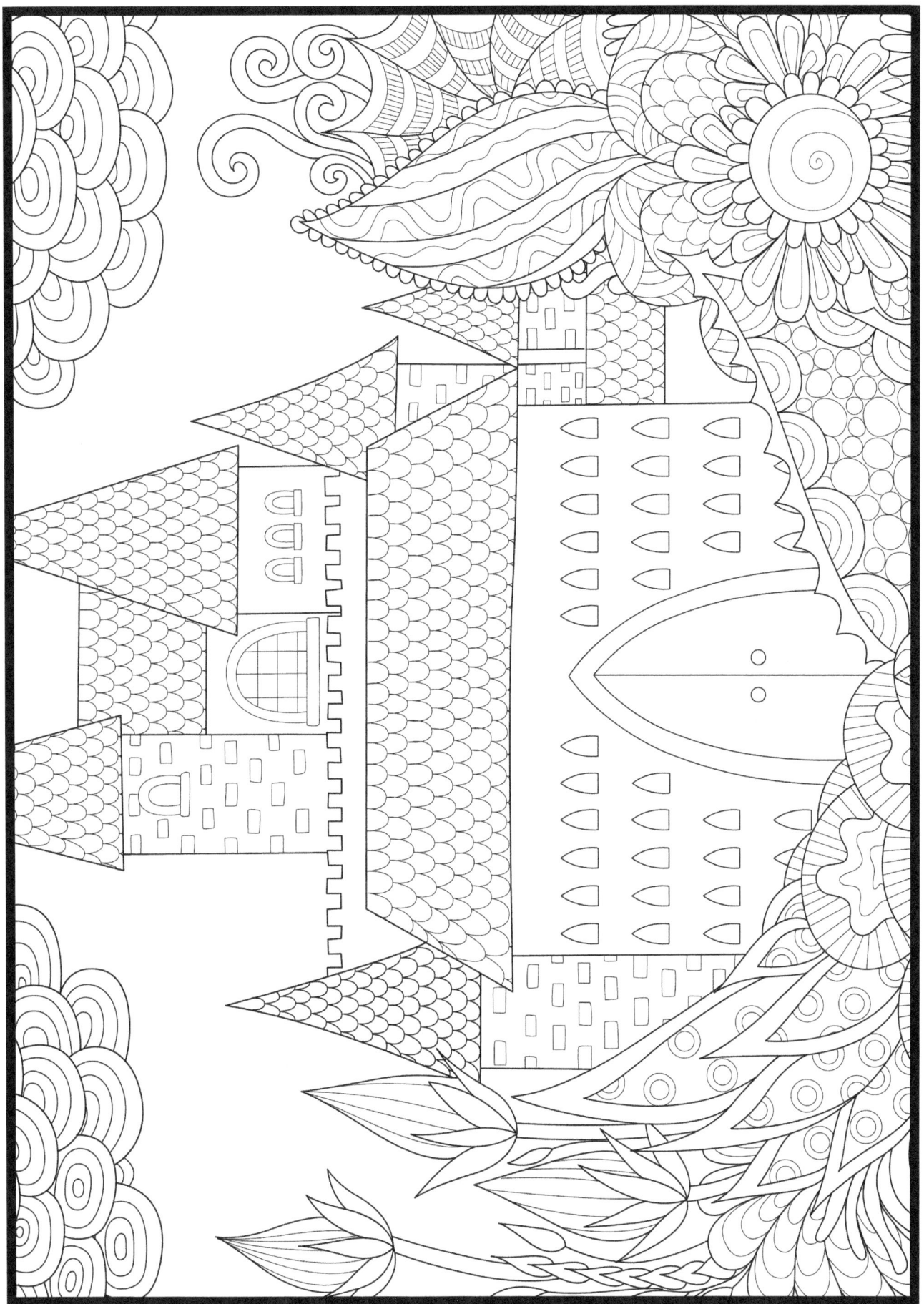

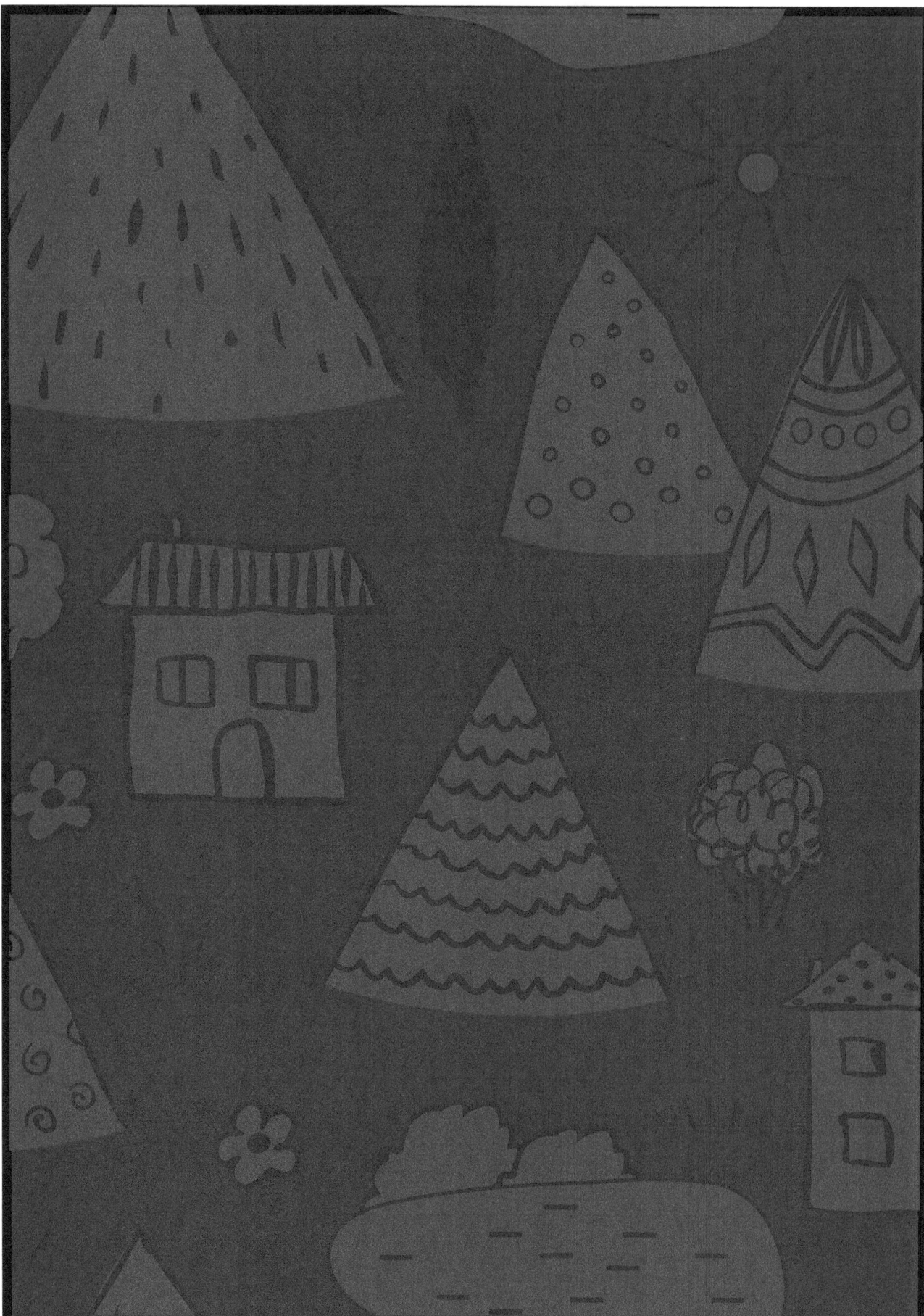

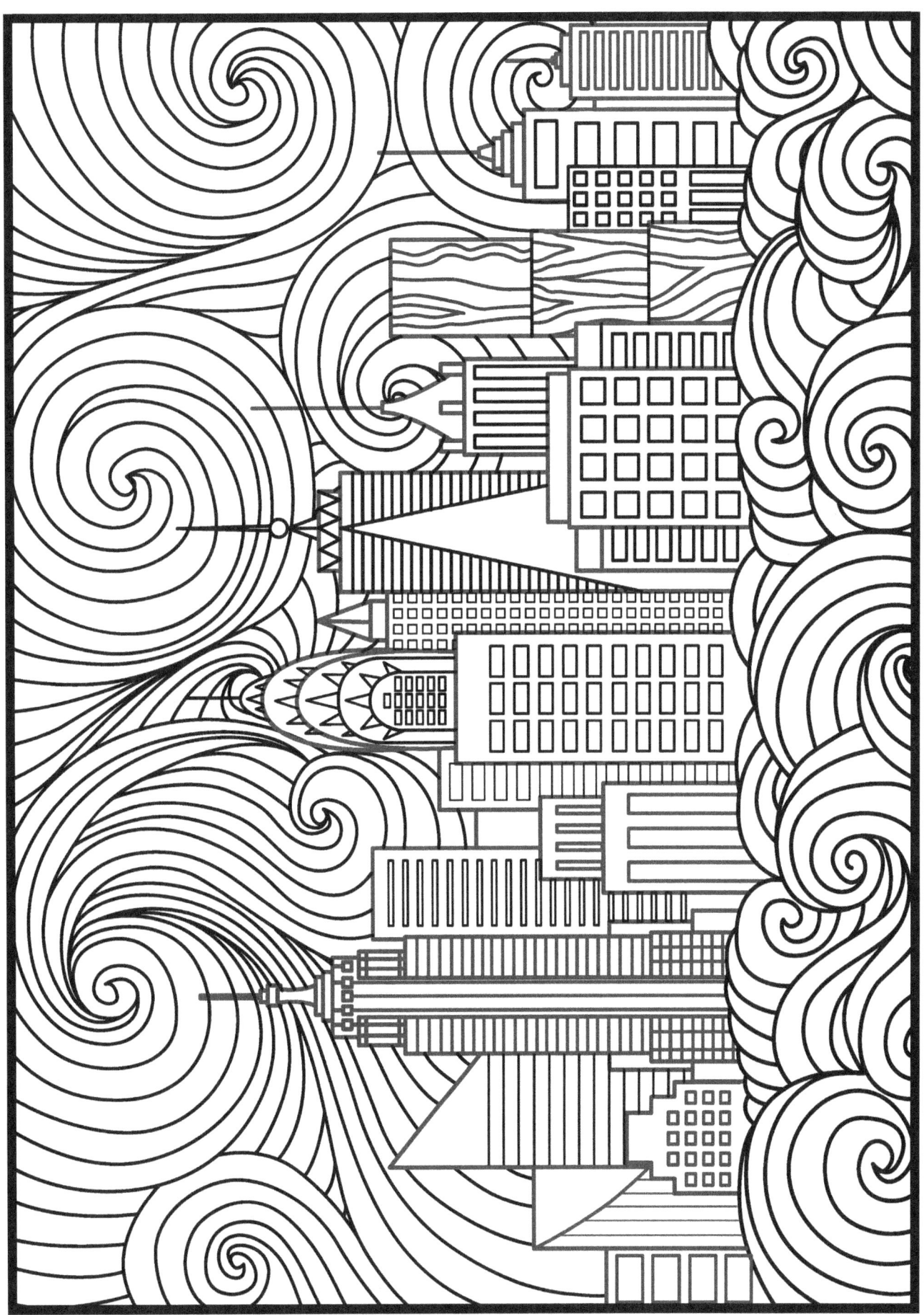

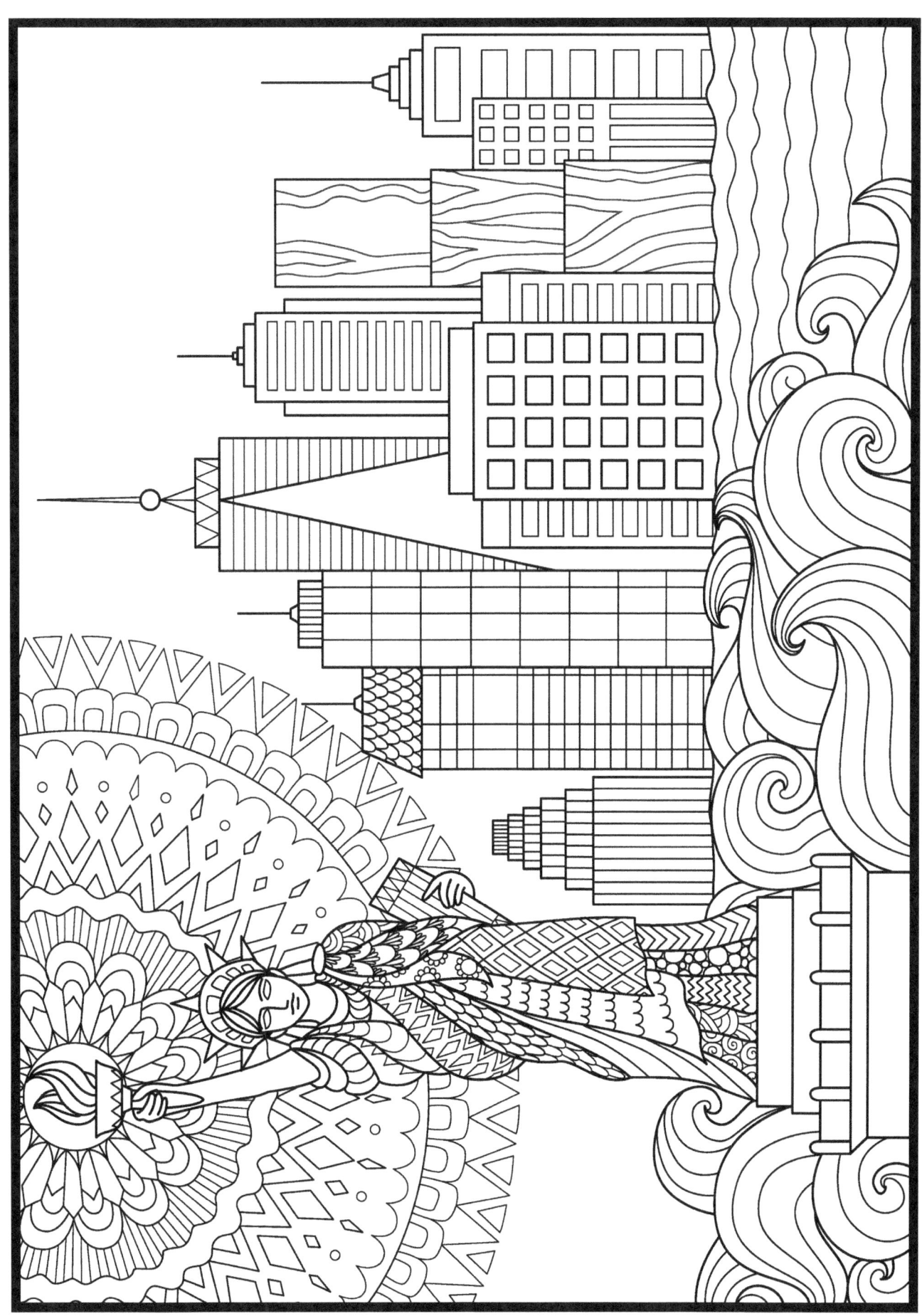

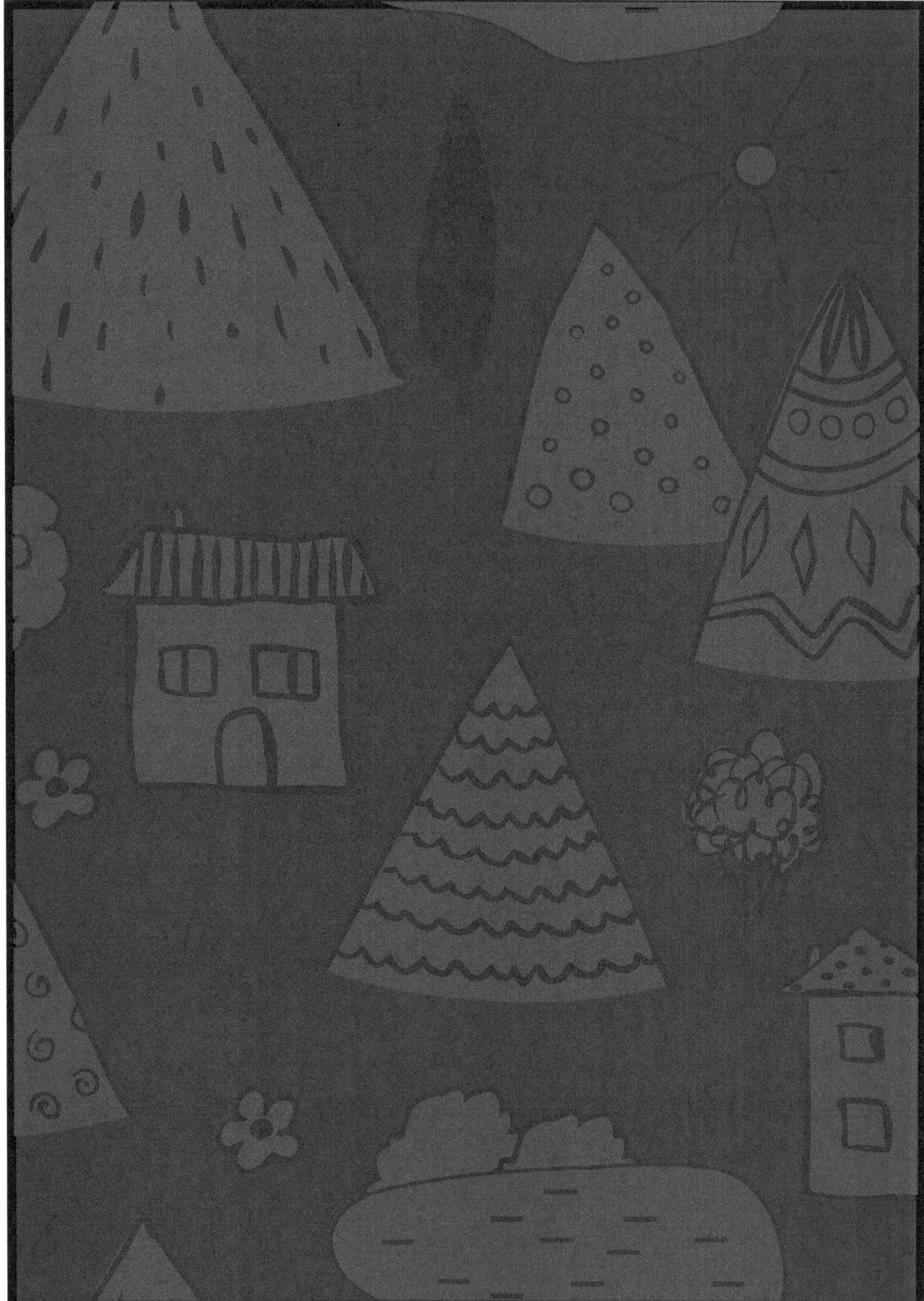

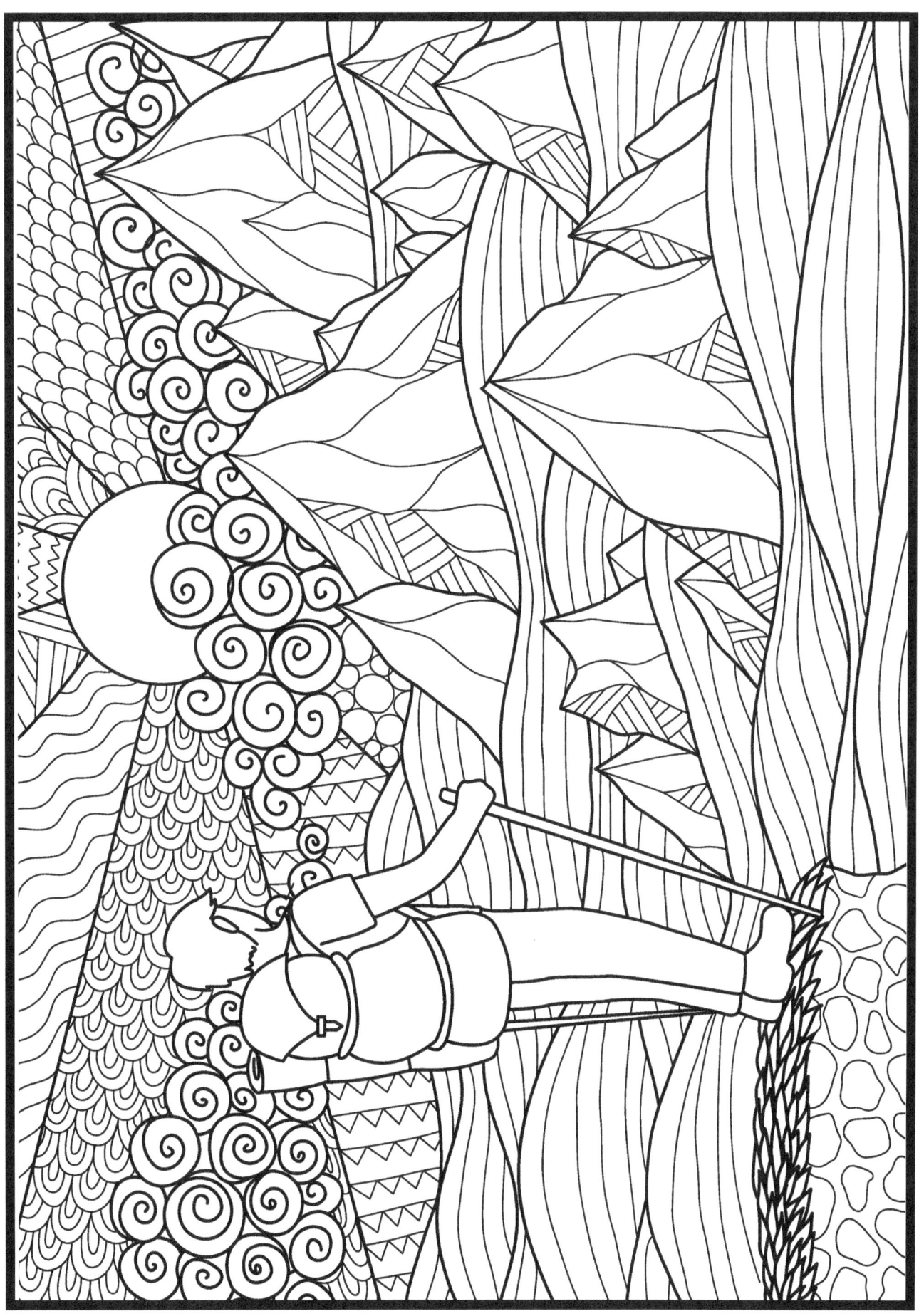

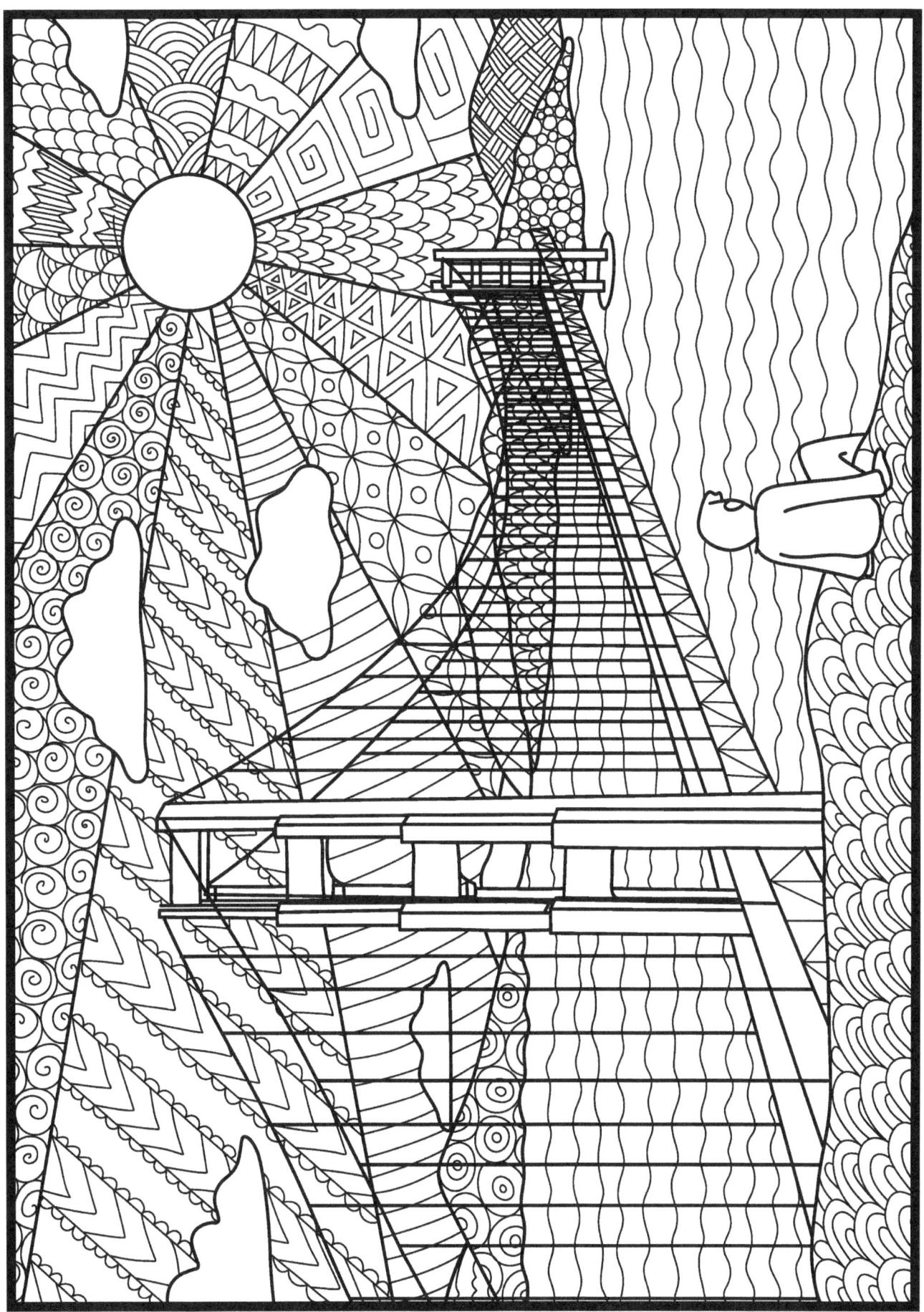

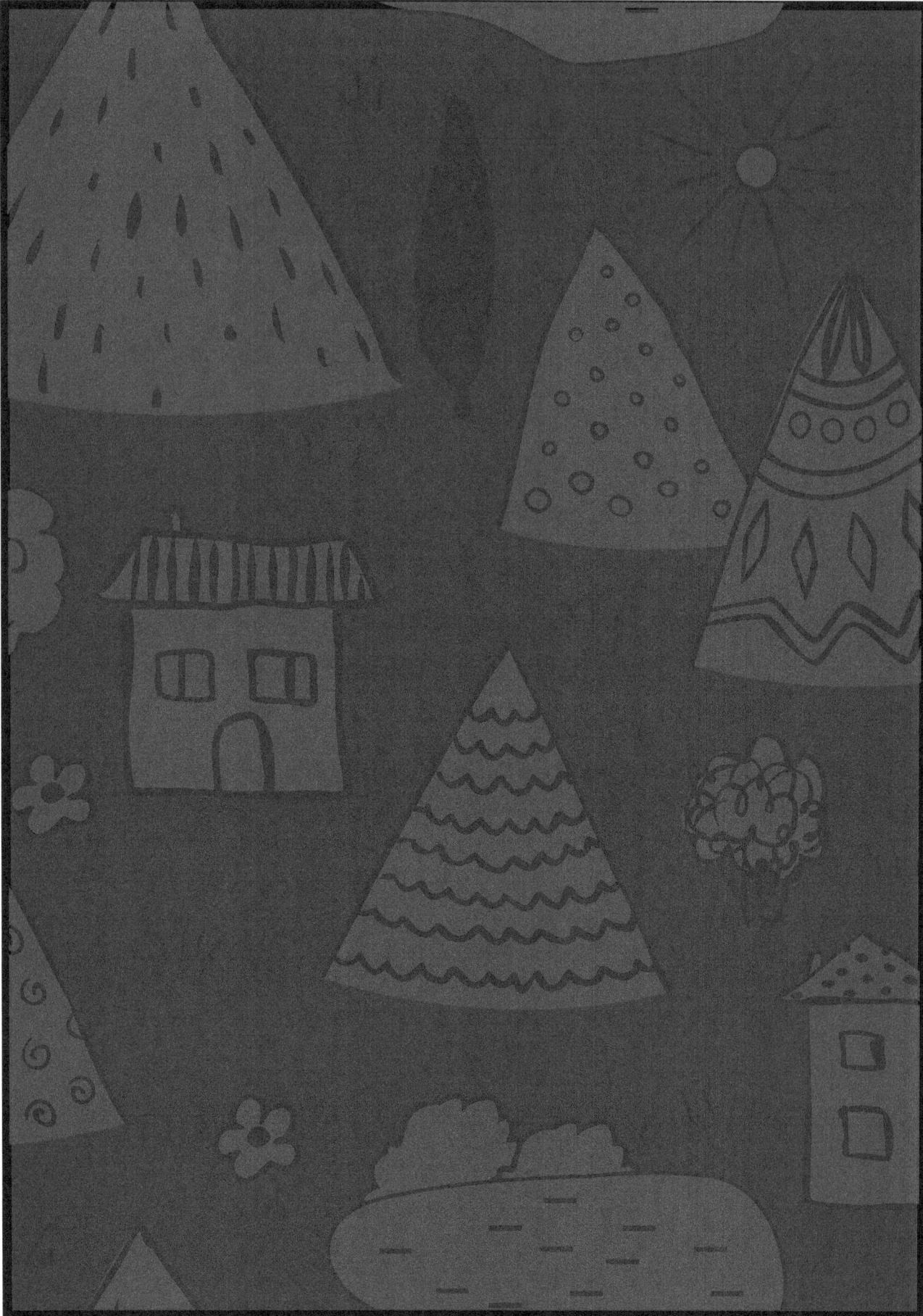

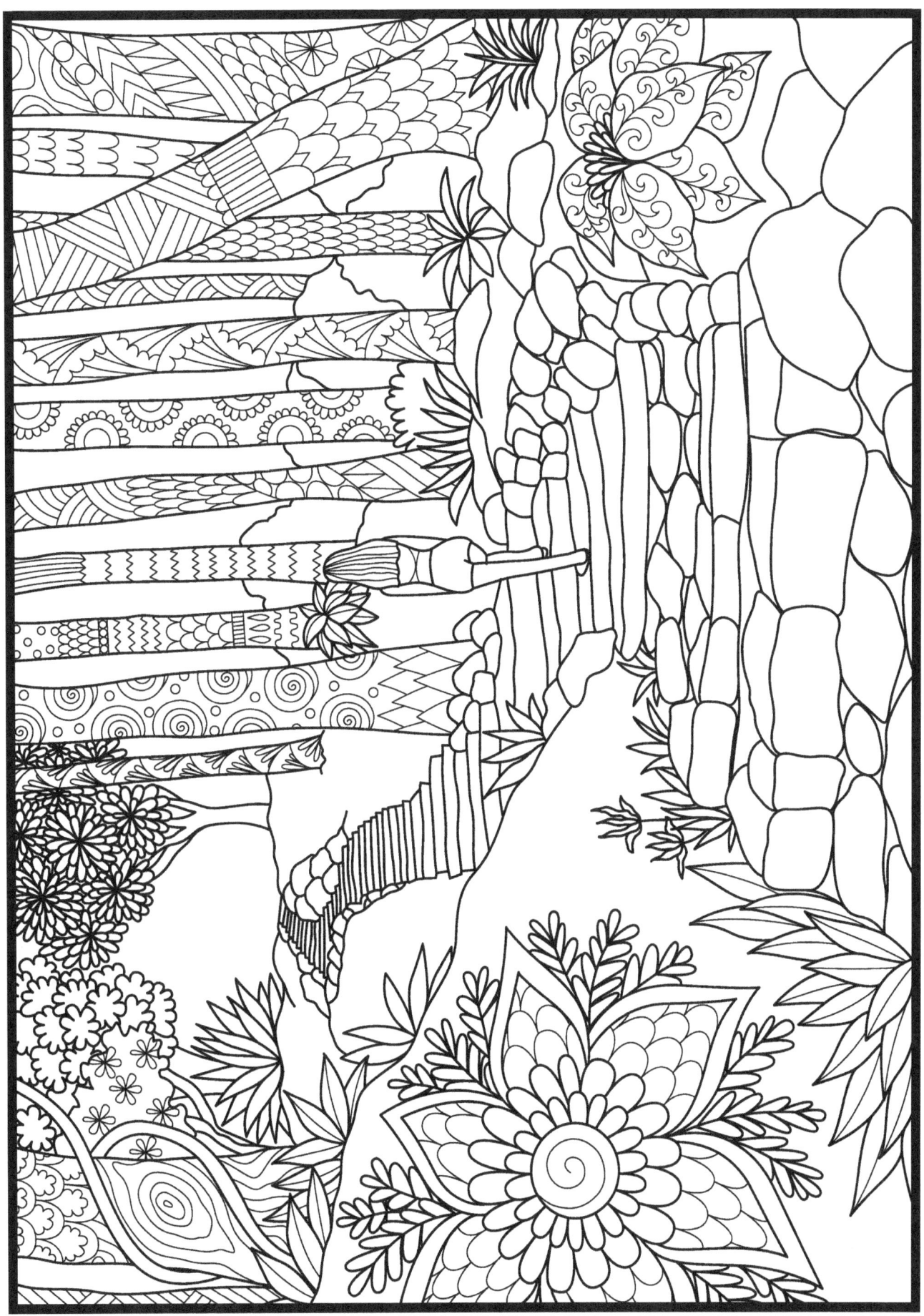

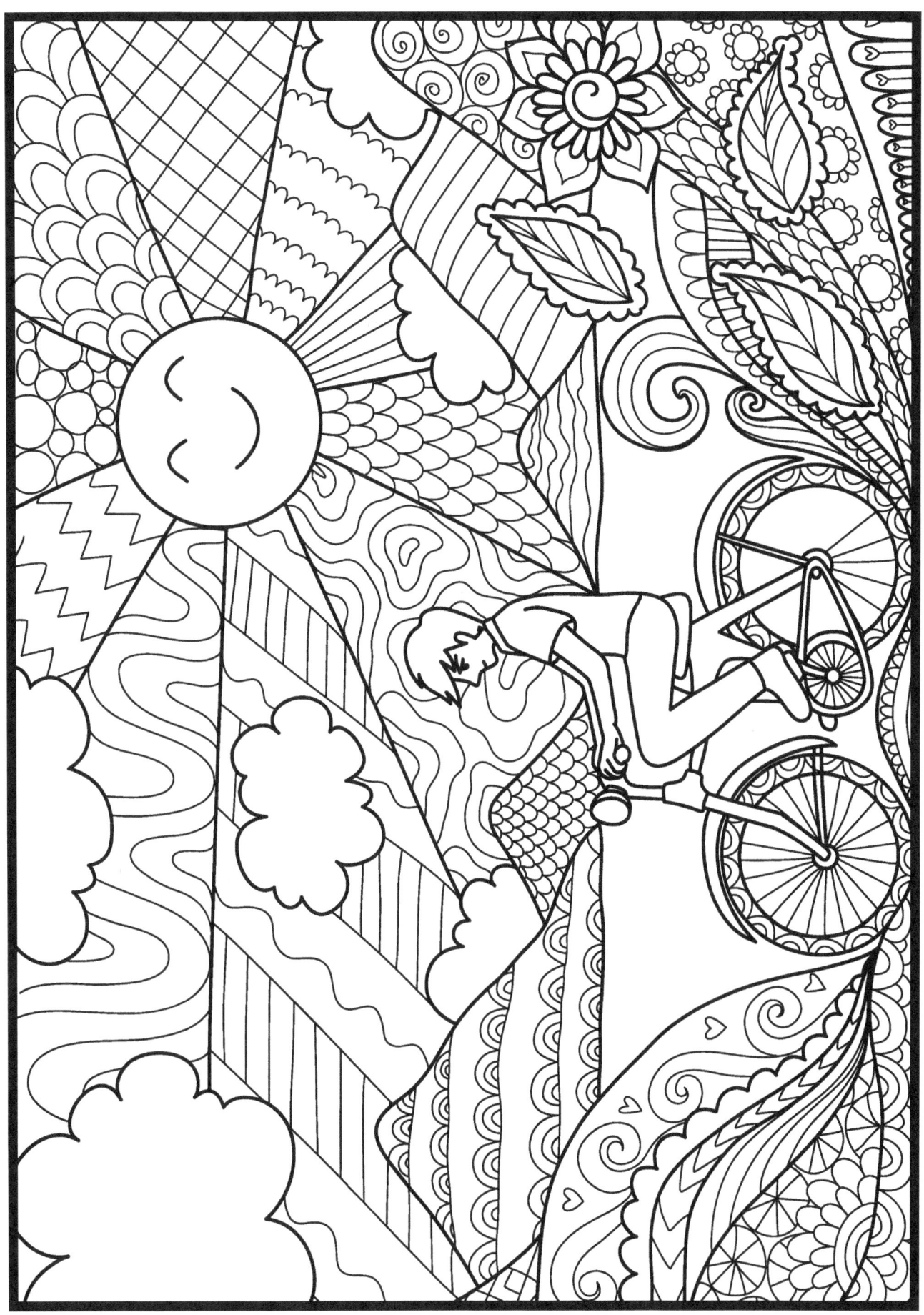

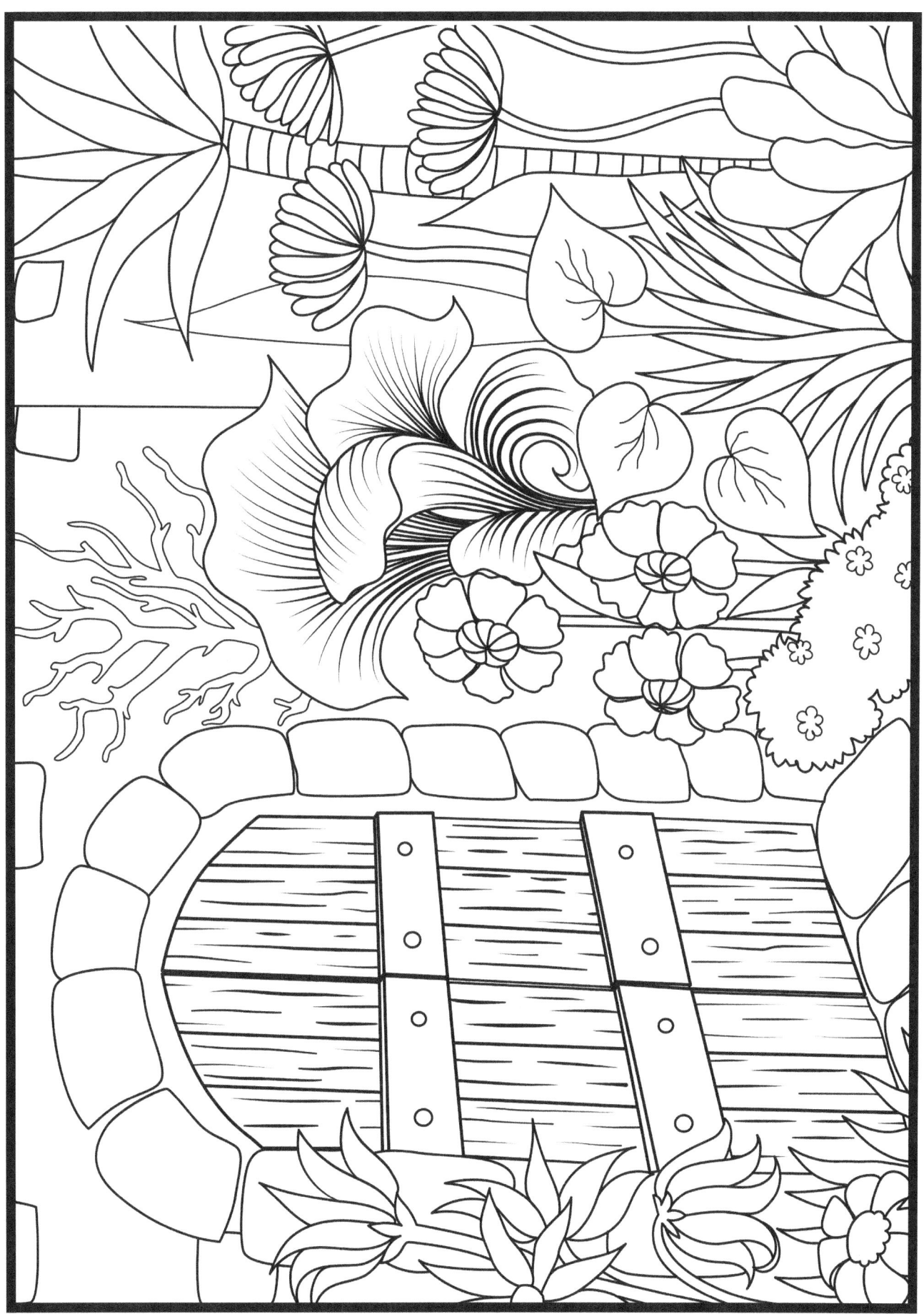

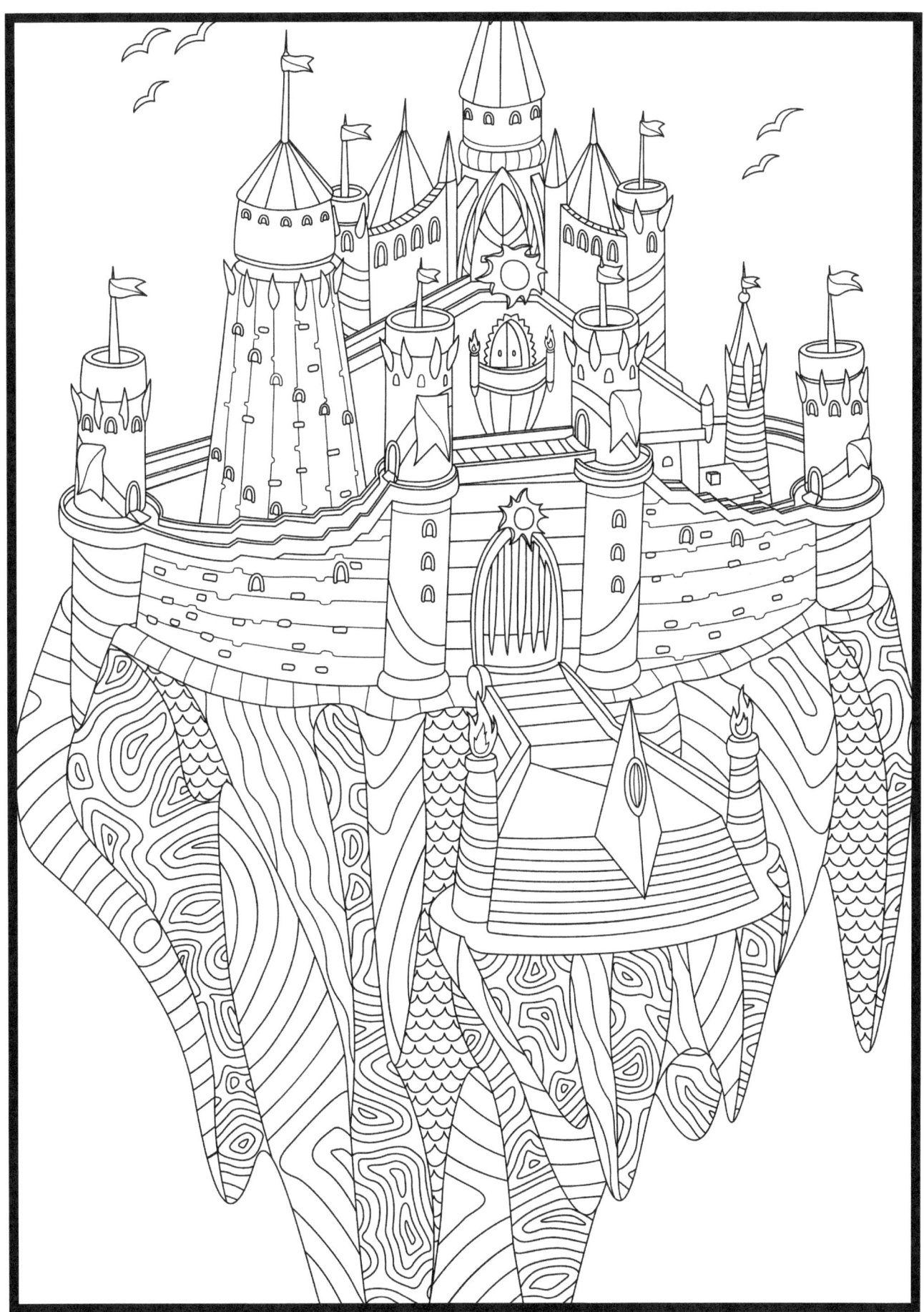

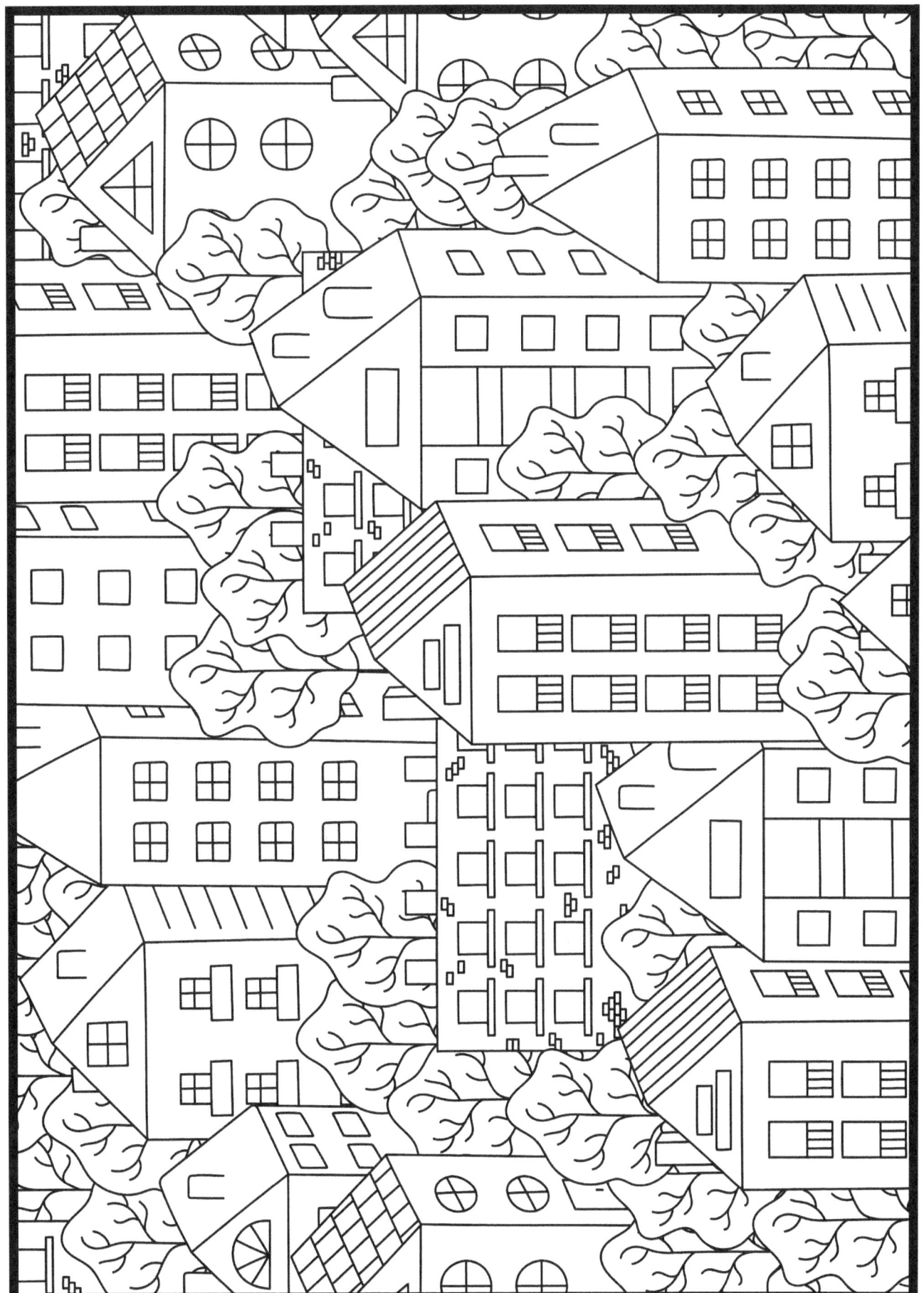

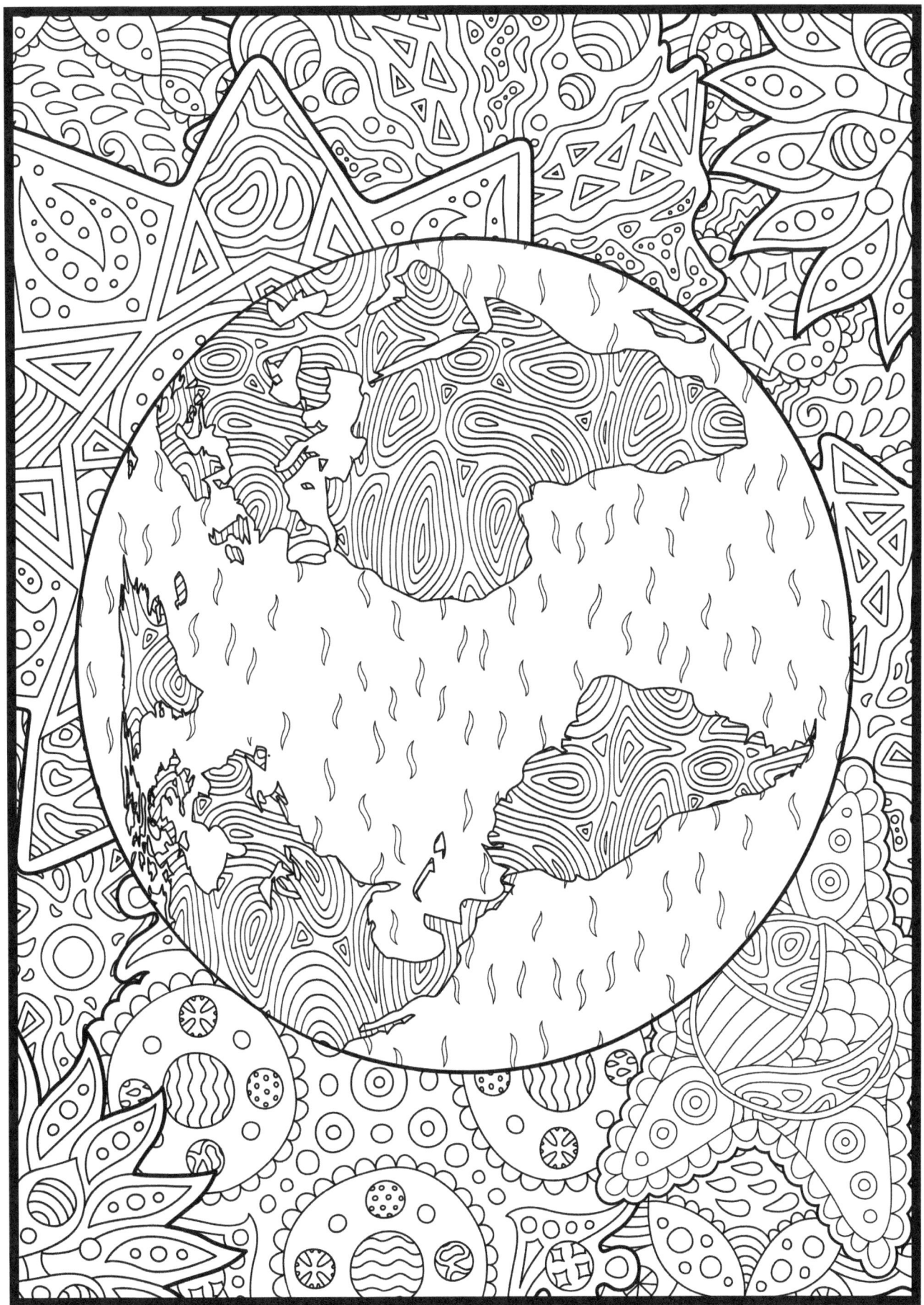

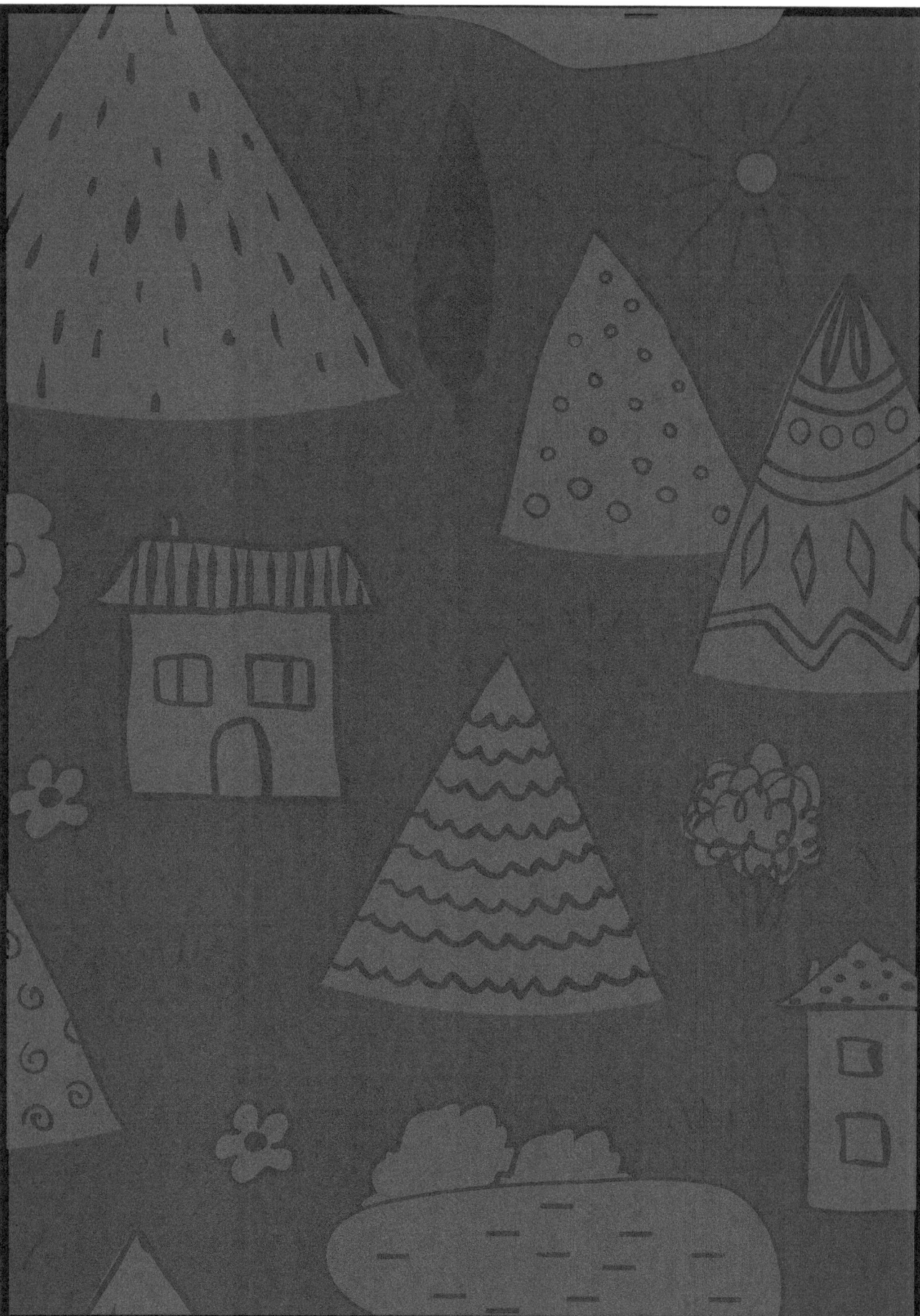

Obrigado por comprar o nosso livro!

Se gostar deste livro, agradecemos a sua opinião sobre a Amazon.

Para o fazer, vá para a página amazónica deste livro e clique em "Escrever a minha crítica".

Muito obrigado!

Ⓒ